Puerto libre

Puerto libre

Angeles Mastretta

cal y arena

Primera edición: *Cal y arena,* diciembre, 1993.
Segunda edición: *Cal y arena,* diciembre, 1993.
Tercera edición: *Cal y arena,* enero, 1994.

Portada: *Cal y arena.*
Ilustración: *John Patrick.*
Fotografía: *Guillermo Kahlo.*

© 1993, Angeles Mastretta.
© 1993, Aguilar, León y Cal Editores, S.A. de C.V.
Mazatlán 119, Col. Condesa. Delegación Cuauhtémoc.
06140 México, D.F.

ISBN: 968-493-259-6

IMPRESO EN MEXICO

Para Luisa Camín
que creía en los prodigios

Abrir un puerto

Adormilados en las tardes de agosto, anhelantes y fieros en las noches de abril, ruidosos y febriles cualquier mañana de junio, estrafalarios y mórbidos, sibaritas y versátiles, incandescentes y ávidos, los puertos libres mexicanos fueron hasta hace poco tiempo lugares que sólo se parecían entre sí, provincias a las que el azar y el decreto convirtieron en los únicos sitios que sin tamiz alguno podían ser habitados por los más extraños objetos, por todas las mercaderías, lujos y baratijas que el mundo enviara a sus playas.

Adentro, el país se alimentaba y vestía, amueblaba sus casas, sembraba sus tierras, con lo que el país buenamente fuera dando. Allá, los niños crecían imaginándose a las vacas holandesas de las que salía la mantequilla en lata, cribada por el calor y el tiempo, que ellos untaban en sus galletas danesas y remojaban en su leche de polvo inglesa. Allá los adultos freían su pescado con aceite de oliva español, se vestían con seda de la China y dormían en camas llevadas de Nueva Orleans. México era la patria mágica y remota a la que pertenecían, el mundo todo era su manantial y su despensa, su pasión y su encierro.

Imposible encontrar simetría en las casas y las tiendas de los puertos libres, es justamente su desorden, su desigualdad, lo que las hace parecidas. Inútil tratar de poner una casa con el estilo definido de los magazines, ahí las casas iban llenándose con lo que los barcos dejaban en la costa: vajillas chinas y mermeladas suizas, encajes de Bruselas, radios japoneses, televisores alemanes, carpetas bordadas en Asia, blusas de la India, pasadores franceses, peinetas italianas, lino español, copas de cristal alemán.

Los chicles, las aspirinas, los chocolates, los perfumes, las pastillas de vitamina A, los aretes y las bolsas de mano, las sandalias y los cinturones, los anteojos y los automóviles, todo lo que uno necesitara venía del fin del mundo, y sin embargo parecía llegar siempre de un mundo más cercano que la capital de la República.

De la capital de la República llegaba a veces Pedro Infante en avioneta, llegaba la extraña historia de que aquí la gente comía bolillo con tamal adentro, llegaban los representantes del gobierno y a veces los de la Santa Madre Iglesia, pero nada más. Las otras cosas, las historias públicas y los amores privados, las riñas y el caliente silencio de las noches dependieron siempre de la santa voluntad de quienes vivían aquellas playas sin rezongarle al destino, atravesados por recuerdos ardientes y remotos orígenes. Decimos que cada cabeza es un mundo hasta que conocemos de cerca a quienes moran en un puerto libre. Ellos tienen varios mundos en cada cabeza, la hiel y la dulzura de sus bocas, el incansable trajinar de su memoria, la bárbara elegancia de sus pasos, hablan siempre de todos esos mundos. De las patrias que los embarcaron a ellos o a sus abuelos como los más lujosos y extravagantes envíos que iban a iluminar nuestras costas.

Por eso los puertos libres tienen gente de todos los tamaños, de diversos colores y costumbres, de rasgos, religiones y voluntades varias. Por eso sólo se parecen a sí mismos y los rige una atmósfera de tregua y fantasías propias de los lugares habitados por quienes saben que el destino es un largo juego de azar y paciencia.

Los que han vivido o nacieron en un puerto libre mantienen consigo la esencia de este conocimiento y la llevan a los lugares a los que la vida los muda como sin darse cuenta, pero seguros de que no ha de abandonarlos jamás. Por eso están llenos de historias deslumbrantes y las cuentan como si fueran su pan diario, con el orgullo y la nostalgia de quien sabe que esas cosas sólo pueden suceder en ciertos sitios.

Hace poco, en aras de la modernidad y la eficiencia, todo el país se convirtió en un puerto al que día tras día llegan las castañas glaceadas, los cereales de fantasmas, los tés de almendra y manzana, las cremas francesas y las pieles italianas, los plumones brasileños, las luces navideñas de Singapur, las *blueberries* canadienses y todos pero todos los aparatos de imagen y sonido que el Julio Verne agazapado en nuestros abuelos no soñó jamás. Tras varios años de mercaderías novedosas poblando las tiendas, las calles y poco a poco las casas de todo el país, los puertos libres, que vivían de poseerlos en exclusiva, se extinguen llevándose con ellos su mayor cualidad: su condición de comarcas privilegiadas, de lugares donde se busca y se encuentra lo insólito.

Aún no nos hemos dado cuenta de la magnitud de tal pérdida, quizá no la notemos de inmediato porque la inercia mantendrá en vilo algunas de las costumbres y trajines, incandescencias y fierezas de los viejos puertos libres. Sin embargo, sus habitantes tendrán que buscarse otros quehaceres, no vivirán más los únicos con el permiso de atrapar el sueño escondido tras las fronteras, no habrá sueño tras las fronteras, habrá si acaso el sueño de que no existen las fronteras. Los comerciantes se volverán ganaderos o construirán hoteles, los jóvenes emprendedores harán sus fortunas como cualquier joven emprendedor y quienes visitábamos los puertos libres con la voracidad deslumbrada de los niños tendremos que buscar lo inusitado, las sorpresas, la febril quimera de estar en otra parte, en puertos y escondrijos que aún desconocemos.

11

¿Qué lugares serán nuestros puertos libres? ¿Cuáles los sitios por los que nuestra imaginación, nuestros deseos, nuestra necesidad de embrujos y avalorios deberán cursar para ganarle a su vida algo mejor que la realidad? Quién sabe. Hemos de buscar el azar que nos regale otros refugios, otros territorios para la inocencia y el riesgo, la fiereza y los desvaríos.

Por todo esto he querido llamar *Puerto libre* a la región impertinente y ávida desde la que escribí los textos que hacen este libro, como un homenaje menor a esas zonas de la euforia y el desafuero que languidecen sin remedio a la orilla del mar.

Barcos a la deriva

Recuerdo una infancia feliz. Y cuando no puedo escribir la culpo de mi falta de temas. También la culpo cuando me encuentro incapaz de asumir la vida social como si en ella se me fueran las entrañas, cuando después de oír nueve veces la misma conversación sobre las elecciones empiezo a morirme de sueño o a soñar que estoy en cualquier otra parte, en uno de los veinte mil sitios a salvo de los análisis políticos y su murmullo incansable y reiterado.

En el mundo que ahora vivo mi familia de entonces hubiera sido calificada de banal. Lo que yo creo es que sus intereses estaban puestos en los disturbios y aromas de la vida privada. El mundo de la política era tan inaccesible y desquiciado, tan caprichoso e intocable, tan temido, que la gente se limitaba a ignorarlo.

Vivíamos regidos por ensueños que volvían importantes las cosas más triviales. Del mismo modo en que otros convierten en ensueños los resultados de unas elecciones, las cifras de los censos, las ocho columnas de los periódicos.

Se hablaba durante semanas de la fiesta para el día de la madre y durante semanas los niños aprendíamos bailes, canciones, poemas y caravanas en un sinnúmero de ensayos a los que regía una disciplina sólo comparable a la que usa un director de Broadway en la selección de sus actores.

Más de veinte días se emplearon en hablar de los agujeros que le hizo Jaime al techo de la sala, del rasguño como de gato colérico que Daniel le dejó a Marta en la mejilla derecha, de la cicatriz que Verónica seguía teniendo en la pierna izquierda, del modo más eficaz para quitarle los berrinches a Carlos, de la tarde de Navidad en que Sergio incendió el árbol con todo y esferas, de Diana, la perra que estaba enterrada al fondo del jardín, de la cosecha de jitomates y gladiolas que el abuelo tenía en Matamoros, de cuál panadería hacía los mejores cocoles de anís, del último viaje que emprendió el tío Roberto, de para quién sería el escritorio de cortina del bisabuelo, de las paperas que le dieron a Lalo, de las pesadillas de Daniel, los quince años de Maicha y el chile con huevo y epazote que había guisado la abuelita.

Durante años las conversaciones familiares han vuelto sobre los mismos temas con el mismo fervor, la misma desazón, iguales entusiasmos, idénticas discordias, innumerables y ardientes carcajadas, fieles congojas, nuevas complicidades. Así como hace muchos años que los analistas políticos hacen el recuento de sus esperanzas, lamentan viejos vicios y perciben cambios insospechados.

Cada loco con su tema, cada quien su pasión y sus consuelos, cada cabeza como un barco a la deriva.

Algunos sacian su ánimo de batalla acompañando a un líder político por las revistas y los editoriales que siguen incansables su incansable litigio contra lo impredecible. Otros enloquecen porque una señora dijo que en su trabajo le habían dado diez credenciales de elector para que se las ofreciera a quienes considerara pertinente. Un señor anda buscando pants de algodón por fuera y por dentro con la misma avidez de quienes buscan unas elecciones perfectas. Unos niños quieren comprarse la cama elástica más grande del mundo. Un intelectual dice que es mejor estar en Rusia donde sí pasan cosas aunque sean desagradables que estar en México donde no pasa nada. Una mujer lo escucha exhausta mientras hace el recuento de todas las cosas que le han pasado sólo a su corazón y a su cabeza desde las seis de la mañana. Un escritor famoso y fascinante esgrime la tesis que encuentra en los mexicanos la capacidad destructora más consistente del planeta. Un niño se ata a la cintura la madeja de palma con la que irá tejiendo un sombrero por el que le pagarán a su familia doscientos pesos, también su madre teje un sombrero mientras hace sus faenas del día y lo mismo su padre mientras siembra y su hermano el menor y los demás. Todas las noches, implacable y vehemente, Amparo Montes canta en una cueva. En las mañanas abren las taquerías, danza la multitud camino al Metro, llega el cartero y silba el velador, se besan los amantes y, en cualquier parte, para no destruirse, hombres y mujeres gozan el fervoroso circo de la reproducción.

Mientras, sobre la mesa, una mamá forra los libros de sus hijos con la misma aplicada minuciosidad con que vio a su madre forrar los de ella, y tiene de repente la sensación física del tiempo, ese enemigo que dicen que no existe.

Disfruto a una amiga que se cura los miedos escalando montañas y a otra que se los cura padeciéndolos.

Conozco una mujer que se sueña oyendo locuras mientras anda por el malecón, otra que oye locuras a cualquier hora y acalla sus deseos con agua de jamaica y música sacra. La mezcla de las dos repite a Sabines bajo la regadera

eres como un milagro de todas horas,
como un dolor sin sitio.

Y a Carlos Gómez Barrera en mitad de una junta

... prefiero la muerte
a la gloria inútil de vivir sin ti.

Si ella viera a su padre volver del otro mundo una mañana, le diría que cinco años después de su muerte aparecieron en México las uvas dulces de las que él tanto hablaba, pero quizá tendrá que morirse sin decírselo.

Si ella fuera embarcación le gustaría ser velero. Deslizarse empujada por los azares del viento, no tener prisa ni rumbo, no hacer ruido. Pero le tocó ser mujer y anda por la vida corriendo tras el destino de otros, fingiendo que se dirige a lugares precisos, haciendo un ruido de sartenes y tacones apresurados, subida en un taxi que maneja un árabe perdido en Harlem, bajándose de un avión que olvidó sus maletas, abrazando a sus hijos como si pudiera hacerlos invulnerables, como si eso les asegurara el recuerdo de una infancia feliz.

Le tocó ser mujer, pero ella sabe que siempre será un barco a la deriva.

¿Cómo sería su pareja si fuera barco? ¿Cada cuándo se cruzará un velero con su amante? ¿Serán monógamos los veleros? ¿Tendrán los barcos ideas políticas? ¿Deseos? ¿Curiosidad? ¿Temor? ¿Indisciplina?

Si somos como barcos ¿quiénes son nuestros náufragos? ¿Qué tesoros tiramos por la borda? ¿Por dónde nos entra el agua? ¿Qué milagro nos mantiene a flote? ¿A dónde vamos cuando el mar finge estar en calma y parece que el rumbo es nuestro, cuando tuvimos una infancia feliz y no tenemos hambre ni sosiego?

¿En qué mares se perderán nuestras cabezas algún octubre sonriente y amarillo, implacable y lunático?

El reino de la verdad perdida

Había que tener quince años para usar medias transparentes y zapatos de tacón, para hundirse en el ensueño de un futuro azul y luminoso que se iniciaba con el preciso y encantador deber de usar liguero y conseguir el correspondiente derecho a esconderse un papel bordado de fantasías en el centro de nuestro primer sostén.

Cumplir quince años era dar un salto irrevocable de la nada a la nada creyendo que había uno salido de la infancia para convertirse de pronto en una mujer y sus consecuencias.

En veinticuatro horas y tras un pastel más alto que los anteriores pero al fin y al cabo un pastel y una euforia, pasaba uno de tener prohibido el acceso a todo lo que fuera el mundo adulto a entrar de lleno en la obligada costumbre de asumirlo como si no fuera lo restringido y extenuante que debió ser.

Antes de los quince años uno podía darse el lujo de tener amigos con los que verse a escondidas en el club donde patinábamos por las tardes, pero a los quince años eso quedaba prohibido en nuestra cabeza, y nuestro desatinado corazón tenía que conformarse con la barbaridad de pensar que cada hombre al que dirigíamos la palabra era un probable marido y como tal un enemigo en el que practicar las más complicadas tácticas y estrategias conducentes a formar un hogar. Justo eso que a los muchachos de una edad cercana les parecía lo más remoto y menos importante del mundo.

Nunca se me olvidará el gesto de terror que invadió el rostro adolescente y los ojos azules del primer niño que quiso ser mi novio.

Estábamos detenidos en el febril espacio que guardará para siempre la esquina de la 15 sur y la 11 poniente: la calle en que burbujeaba una escuela secundaria para niñas y el camino a una escuela secundaria para niños se cruzaban ahí. No hubo por esos tiempos y en esos rumbos corazón incandescente que no recibiera en aquel cruce una solicitud de amor.

—¿Te vas a casar conmigo? —le pregunté mientras nos mirábamos sin tocarnos, a pesar de que casi todo lo que no tenía permiso de opinar en nuestros cuerpos intuía que eso era lo único sabio que podría sucedernos.

Tardó un tiempo en contestar, para mi orgullo, intentaba responder con honradez. Se miró los zapatos, recontó con los dedos los botones de su uniforme. Su colegio militarizado daba grados y él era un cabo cualquiera. Pero entonces todavía no se le caía el pelo rubio que le tapaba la frente, despeinado y acariciable, y tenía los hombros en el lugar preciso, y seguramente todo en el lugar preciso, aunque yo no haya podido comprobarlo jamás porque sus labios delgados y exactos me dijeron despacio:

—No. ¿Cómo puedo saberlo?

—Entonces ¿para qué somos novios? —le dije toda poblada del doctorado en adultez que me concedían los quince años.

Para mi desgracia, el cabo no era elocuente ni capaz de mentir y estaba educado tan mal como yo. Así que no me tomó de la mano, ni caminó conmigo calle abajo hasta mi casa para que todos sus amigos y las mías pudieran celebrar nuestro acuerdo. No hubo acuerdo y, aunque los vértices de mi cuerpo temblaran de tristeza, lo dejé irse cobijada por la tranquilidad de mi conciencia y una certidumbre de que tenía conmigo la verdad absoluta que sólo perdí cinco años después y que aún no recupero.

También él se fue, con su razón a cuestas, a buscar la única verdad que hubiera podido unir a dos adolescentes, entre los recovecos y bajo la roja luz de la calle noventa y sus desafueros. Ahí encontraban el sosiego los cuerpos brillantes de nuestros amigos. Pero ahí sólo iban los hombres. Las mujeres de quince años y colegio decente no teníamos sosiego.

Entre otras cosas, por eso nunca se me antoja volver a los quince años. Tampoco me gusta recordar que los tuve en un mundo tan necio. Me revuelve pensar que nuestra piel de entonces no disfrutó ni se dio cuenta de que estaba siendo así por última vez, que nuestras piernas firmes, nuestros ombligos niños, nuestros pechos como de juguete no conocieron otros cuerpos ni dejaron entrar otras luces.

Quizá me pase la vida desafiando aquellas certidumbres, quizá del aplomo estúpido con que creía saberlo todo a los quince años se derive mi actual vocación por lo incierto.

Si es así, alguna vez bendeciré mi necedad de entonces. Hoy mismo la bendigo por haberme traído a un reino permisible y audaz, a un reino con sus fortunas implacables y sus duelos como naufragios, a un reino donde el insomnio pesa tanto como el sueño y el miedo tanto como la libertad, a un reino desencantado y por lo mismo febril, al impredecible y fascinante reino de la verdad perdida.

El peso del alma

Ya no recuerdo en cuál, pero en alguno de los muchos salones de catecismo por los que pasé desde la infancia hasta la tardía adolescencia, uno de aquellos sabios ambulantes que eran los teólogos encargados de la formación juvenil, nos entregó un secreto que entonces no aquilaté como el tesoro que es. Puso en nuestra precoz pero incipiente curiosidad religiosa un tesoro de conocimiento que apenas hace poco valoré como tal. Nos dijo, durante alguna adormilada tarde de escuela, nada menos que cuánto pesa el alma.

Según la científica comprobación de remotos pero notables expertos de prestigio reconocido consultados por nuestro maestro, el alma pesa 405 gramos.

Tan contundente afirmación la derivaron de pesar un cuerpo poco antes de la muerte y justo después de exhalado el último aliento. La diferencia entre uno y otro peso fue de 405 gramos. Como todos sabíamos en aquel tiempo, cuando alguien muere, el alma que habitó su cuerpo lo abandona y se va a otra parte mejor o peor a litigar su derecho a la gloria eterna. Por eso, es absolutamente lógico que los 405 gramos que según aquellos teóricos pierde un cuerpo al morir, sean justo el peso del alma.

Durante esos días no puse en duda lo que el hispánico maestro decía en su lengua mordisqueada porque mi alma de esos años pesaba quizá menos que los 405 gramos. Yo la imaginaba como un corazón de papel blanco instalada entre las costillas, que se mantenía siempre en paz. Por eso era luminosa, remota y prescindible como todo lo que uno tiene y no le hace falta. Por eso no pensábamos mucho en ella y jamás nos importó lo que podría pesar.

Pero si ahora pudiera yo encontrarme con el maestro de religión que tanto creía saber de los intrigantes misterios del alma, tendría algunas cosas que preguntarle. Desde las muy sencillas: Padre, ¿podría usted explicarme por qué los 405 gramos a veces estorban como diez toneladas?, hasta muchas otras, por ejemplo:

¿Por qué las culpas se acomodan siempre en los 405 gramos de alma?

¿Será que la lujuria le gana al buen comportamiento porque los varios kilos de un cuerpo ávido vencen sin remedio en la batalla que tan heroica e inútilmente dan los 405 gramos de alma?

¿O es que la lujuria está en el centro mismo del alma?

¿Con los 405 gramos pensamos y tomamos decisiones?

¿En qué parte de los 405 gramos se acomodan la nostalgia, la evocación de otros?

¿Recordamos con el cuerpo o con el alma?

¿Tememos con el alma o con el cuerpo?

¿Pesaba lo mismo el alma de Beethoven que la de Juan Gabriel?

¿Cuando las almas se van al cielo no le hacen agujeros a la capa de ozono?

¿Algunas almas pasean por el mundo sus 405 gramos antes de irse a otra parte?

¿No engorda el alma cuando el cuerpo se come un chocolate?

¿No adelgaza cuando está a lechuga y espinacas?

¿Los 405 gramos de alma alcanzan a llegar hasta la punta de los dedos, o todo lo que nos pasa por ahí es puramente cuerpo?

Cuando la gente hace las cosas con "el alma en la mano", ¿no corre el riesgo de que el alma se le escape como paloma por andarla sacando del cuerpo en que debe albergarse?

¿Aquellos a quienes se llama desalmados pesan 405 gramos menos de lo que deberían pesar?

Si el alma de nuestra alma va y viene cuando quiere, ¿por qué nuestra alma no puede irse de vacaciones y dejarnos en paz un rato?

¿Al alma le duele la cabeza o es nada más que el dolor de cabeza desquicia el alma?

¿Interviene nuestra alma cuando con todo el cuerpo queremos matar a alguien?

¿Quién insulta, el alma o la lengua?

¿Los que quieren con toda el alma sólo quieren con 405 gramos?

¿Quién devasta, el alma o el cuerpo?

¿Quién envejece, el alma o la cintura?

¿Quién elige, el alma o el destino?

Muchas preguntas más tendría yo para el experto en almas que era el padre aquel, pero mis pensamientos sobre el alma fueron interrumpidos los primeros días de febrero con la lectura de la sección *numeralia* a cargo de Sergio González Rodríguez en la revista *nexos*. Ahí, muy tranquila, entre el número de traficantes colombianos que detienen las autoridades cada minuto y el número de fiestas laborales que se celebran en España cada año, había una frase de apariencia inocua que me puso de golpe a la mitad de un misterio del cuerpo que aún no logro descifrar, decía brevemente: "orgasmos que se han llegado a detectar en una mujer durante una hora: 131".

Ante semejante información, no tuve más remedio que abandonar las dudas sobre el alma y caer de lleno en las provocadas por la mezcla de incredulidad y envidia que tal número provoca. ¿Quién llevó la cuenta? ¿De dónde sacó esa información el número de mayo de 1991 de la revista *Primera Línea*? ¿Estaba el representante de la revista en la primera línea durante el experimento? ¿Qué canción de Luis Miguel le tocaron a esa chava? ¿Qué mezcla de Humphrey Bogart, William Hurt, Al Pacino, Robert Redford y el cubano de *El Padrino* III colaboró en el logro de los 131 sobresaltos? ¿Después del experimento le quedaron a esa mujer siquiera 3 gramos de alma? ¿Cada cuánto tiempo repite el numerito? ¿O sólo fue una vez y todavía está reponiéndose en un hospital? ¿No serían 13 y se equivocó el linotipista? ¿No habrá fantaseado Sergio González? Los escritores pueden permitirse esos juegos, pero en algún momento deben confesar que fue ficción, y si no lo fue, hacernos el favor de proporcionar la información completa. ¿La buena señora da cursos entre semana? ¿Cuánto cuestan las inscripciones? ¿Asegura resultados? ¿Qué come? ¿Dónde vive? ¿Qué hace cuando se deprime? ¿O no tiene tiempo para deprimirse? ¿Podría nadar de Cozumel a Playa del Carmen? ¿En diez minutos? ¿Cuánto tarda en enchinarse las pestañas? ¿Cuántos kilos de papas puede freír en una hora? ¿Cómo es su firma? ¿Saben los expertos qué pasaría en el mundo si todas las mujeres pudieran obtener 131 orgasmos por hora? ¿Sería eso alcanzar la libertad o llegar en definitiva a la total esclavitud? ¿Sería perder el alma o ganarla de lleno para la mejor de las causas?

Fantasías promisorias

Sucedía entonces, como todavía sucede muchas veces, que las cenas terminaban dividiendo a los grupos de matrimonios en hombres por un lado y mujeres por el otro.

Los hombres bebían mientras creaban negocios en el aire o esgrimían sus privadísimas conjeturas políticas. Las mujeres hacían un ruido menos arduo y más parejo recontando sus partos, quejándose con decoro de sus maridos, elogiando a sus hijos o turnándose la voz para narrar sus fantasías.

La noche que nos concierne, la palabra le había pertenecido por completo a una mujer de ojos pródigos y cintura bravía que, despacio pero en detalle, se dio a contar los sobresaltos de su corazón enhebrado, sin remedio y sin tregua, al de un hombre al que la ley no le concedía ningún derecho a compartir sus sábanas.

—¡Un amante! —dijeron en un solo murmullo todas las mujeres que habían escuchado apretando los labios o abriendo la boca, imaginando cada una su propio desvarío, concediéndose de repente el derecho a un hallazgo como ese, ansiosas de encontrarse un día cualquiera con aquel paso por el júbilo adolescente que la costumbre del matrimonio termina por acallar.

—¿Un amante? —preguntó desde la profundidad de su asiento la voz de campana que hacía latir el cuerpo de una mujer hermosa y taciturna llamada Ofelia.

Tenía la boca redonda y pequeña, una barba que a la mitad se partía en dos, una nariz delgada y nerviosa, un par de ojos adormilados que despertaban la codicia de los hombres y el sosiego de las mujeres.

—¿Un amante? —volvió a preguntar para no correr el riesgo de haber oído mal.

—Sí, eso —le dijo desde una nube la mujer sentada a su lado.

—Ay oigan no. ¡Qué flojera! —deletreó muy despacio con su voz repentinamente exhausta.

Las mujeres voltearon a verla para asegurarse de que no fuera una muñeca de pasta metida a opinar.

Y ahí estaba ella, con su gesto infantil y su barba respingada, con sus ojos holgazanes y su pálido cuello largo, sin amedrentarse un ápice con la mirada de ira que le dirigió aquel grupo de volátiles negándose a las mañanas iguales y las tardes sin prisa, aquel montón de ensueños colocados de pronto en la banqueta por culpa de su boca inclemente.

—Eres una bruja —sentenció su vecina de asiento—. Mira nada más lo que hiciste —le dijo señalando las caras de aquellas mujeres como recién sacadas de un viaje lujoso y brillante.

La impávida Ofelia miró aquellos rostros ensombrecidos por la fuerza de su conjuro y sintió pena. Quiso decir algo que justificara la contundencia de sus palabras, pero para entonces el volumen de la conversación que encendía a los señores subió de golpe como si alguien hubiera levantado el botón de una olla *express*:

—¡Martínez Manatou! —gritó uno de ellos—. Ese va a ser el próximo, no cabe la menor duda.

—Sí, eso está clarisimo —dijo otro.

—Perfecto, a mí me va perfecto —presumieron dos más.

—Pues a darle por ahí —aconsejó un emprendedor.

—Eso —le contestaron otros—. Eso hay que hacer.

Luego volvieron a bajar el tono y se hundieron en las más oscuras y promisorias iniciativas.

—¿Cómo no hay alguien que ponga a estos pobres en la realidad? —dijo la voz de Ofelia mientras ella encogía los hombros y estiraba una sonrisa, ganándose de golpe todo el perdón de las mujeres y sus recién devastadas fantasías.

El manicomio del tiempo

Existe en Puebla un manicomio maltrecho y medio olvidado en el que sin remedio mezclan su lucidez y sus delirios varias decenas de mujeres.

Estuve ahí alguna vez cerca de la Navidad porque mi madre organizaba una posada con el ánimo de consolar el insaciable desconsuelo de aquel sitio, y no sé con qué resultados.

Durante un tiempo, mi hermana heredó la misión visitadora de mi madre. Trató en aquel abismo con mujeres desquiciadas por la pobreza o la falta del medicamento necesario en el momento preciso, lo mismo que con jóvenes que al caer en la cárcel por drogadictas eran llevadas ahí, puestas en abstinencia y conducidas al pavoroso túnel de la conciencia plena en mitad de un mundo regido por el disparate.

Nunca supe la causa, pero supongo que un mecanismo de autodefensa hizo que Verónica espaciara sus visitas al manicomio de San Roque. Hay tanta locura por atestiguar en el mundo de afuera que acabamos acudiendo a ella antes que a la recluida en la desdicha de estar catalogada como tal.

De las tardes que pasó entre aquellas mujeres dedicadas en sus ratos de paz a bordar o hacer collares, mi hermana obtuvo un tesoro y me lo regaló.

Es un pequeño pedazo de tela color marfil, en el que una supuesta loca bordó, con el pulso firme y el punto atrás perfecto: "No arruines el presente lamentándote por el pasado ni preocupándote por el futuro".

Sin buscar el perdón de quienes encerraron a esa mujer, yo colgué su sentencia en el sitio más visible de mi casa y acudo a ella cada vez que lo creo necesario o la dejo entrometerse en mi camino cada vez que el azar me la coloca enfrente. Pocas voces me remiten tanto a la cordura. Aunque a fuerza de proponerme oírla, he comprendido que una persona capaz de vivir atenida a esa sentencia pueda cometer muchas locuras.

¿Por qué moverse de una cama tibia, si a uno no le preocupa el futuro? ¿Por qué llegar puntual a los lugares? ¿Por qué la prisa? ¿Por qué andar correteando a la eficacia, al éxito? ¿Por qué negarse a las conversaciones largas, al simple dejar pasar el tiempo sobre nuestro cuerpo y nuestros deseos?

Vivir sin lamentar el pasado ni preocuparse por el futuro es darle al tiempo una dimensión mucho mayor de la que le ha otorgado el mundo que nos rige. Es rehabilitar la noción presente y desaparecer el reloj que tanto nos atormenta.

Me pregunto qué sería de este siglo que ha descubierto la aspirina, la televisión y los jets si no hubiera dirigido los beneficios de sus descubrimientos a evitarnos todo lo que se considera perder el tiempo.

¿Encerrarse en la casa por una gripa? De ninguna manera, para eso hay toda clase de medicamentos que la disimulan. Sin embargo, ninguno la evita, una gripa dura inexorable y fatal mínimo cuatro días. ¿Saltarse los tres días de menstruación? Imposible. ¿Saber a los quince años lo que sólo se reconoce a los cuarenta? Nunca. ¿Verse de quince años a los cuarenta? Menos. La gestación humana todavía dura nueve meses y eso parece irrevocable.

Evaporar el tiempo, tratarlo como algo que se consume, que se divide en pasado y futuro, que uno puede medir y manejar a su gusto es lo que debería considerarse una locura. Pero nadie va al manicomio si vive con la angustia de estar perdiendo el tiempo. Porque no habría manicomios para albergarnos. \

Hemos olvidado el placer que otros encontraron en las tertulias, la radiante voluntad con que otros supieron ser generosos con su tiempo. Supieron darlo a los amigos siempre que fue necesario, darlo al ocio y la contemplación, darlo a la hermosa lengua que hablamos. Darlo al sueño y al placer de tocar a los otros sin medir las horas y tener que salir corriendo.

Una de las actividades que muestran con más claridad la incapacidad de nuestra época para valorar el tiempo como algo que no debe medirse son los cocteles. Para ver a mucha gente rápido y en las mismas tres horas se reúne de pie a muchas personas que dan vueltas iniciando conversaciones sin destino, picoteando a los demás con un saludo, un piropo, un adiós, un nos vemos que nunca se concreta. Pocos inventos tan aberrantes y cansados. Pocos lugares donde las palabras se trivialicen y desoigan tanto. Sin embargo, acudir a un coctel nunca se considera perder el tiempo.

En cambio, las personas que invierten más de cinco minutos en hablar por teléfono suelen ser muy mal vistas en nuestro fin de siglo. ¿Qué cosa práctica se podrá uno decir después de cinco minutos? ¿Y por qué ha de valer la pena hablar de cosas que no sean prácticas, de cosas que no estén destinadas a corregir el pasado o actuar para el futuro?

Hablar de más es gastar tiempo y como el tiempo es oro los habladores son unos derrochadores. Por más que el teléfono genere cordialidades y propicie una intimidad que sería extraordinaria si no fuera porque hay quienes se dedican a espiar y grabar lo que se dice en él.

Sin embargo, quizá por eso mantenemos amistades largas y nos resultan entrañables los amigos a quienes conocimos cuando jóvenes, con los que convivimos cuando nuestro tiempo era lo único que podíamos regalar, de los que conservamos para siempre un regalo que ya no se regala: horas y horas de teléfono adolescente, tardes enteras de cuchichear secretos que a nadie sino a uno le importaban. Quizá porque aún vale lo que vale, nuestros amigos de verdad son aquellos con los que en cualquier época, pero más aún en ésta, hemos tirado a la basura la necia idea del tiempo, con los que el pasado nunca es algo lamentable y siempre algo por evocar, con los que el futuro no se prevé, se invoca y el presente es un derroche de historias, recuerdos y profecías.

Adivinar qué habrá sido del tiempo y cómo será el presente de la bordadora de San Roque. Nunca podré decirle cuánto la escucho y cuántas veces la desoigo, pero hasta siempre me acompaña la sentencia que hoy descargo en este puerto por si alguien quiere apuntarla y atenerse a la locura que acarrea: "No arruines el presente lamentándote por el pasado ni preocupándote por el futuro".

Mar y volcanes

Llueve en el mar

Fueron al mar y llovía. No estaba el cielo claro ni los bañistas sobre la arena. No estaba el tiempo de humor para quedar bien con extraños, quien quisiera mirarlo así era bienvenido, quien no, tenía que irse a buscar algarabía en otro rincón.

Los que no pudieron moverse de ahí porque el mar les resulta hipnótico y sagrado, porque les rige los recuerdos y aun de lejos decide lo que a diario sucede con su ímpetu feroz, aprendieron a mirarlo mientras llueve y mientras lo miraban aprendieron las cosas que uno olvida por la culpa de Kodak y la tele.

Aprendieron por ejemplo que el mar no tiene la obligación de ser azul, que nadie tiene la obligación de ser igual todos los días, de halagar por decreto, de ser encantador y diáfano aun cuando la vida es turbia, imprevisible y altanera.

Se quedaron mirando desde la orilla. Oyeron al viento iracundo y vanidoso, vieron de lejos, vislumbraron, lo que pasa en el mar mientras le llueve.

Cuando le llueve al mar, el mar entiende. Cuando llueve en el mar, tiemblan en lo profundo los corales y entero el arrecife se estremece de pena como si fuera un hombre. Cuando llueve en el mar, entienden los humanos cosas que nunca explica la claridad, la impasible transparencia.

El mar llovido se moja, agua sin sal hiere al agua salada con la impudicia de su juventud. El mar es viejo, por eso sabe a sal y a profecías.

Cuando llueve en el mar, no están solos los hombres con las cosas que cargan, se cobijan mirándolo, se estremecen con él, pierden el miedo. Mientras le llueve al mar él acompaña: los recuerdos secretos, los recuerdos prohibidos, el silencio. No hay silencio más audaz ni más profundo que el del mar lastimado por la lluvia.

Justo el día que volvían al cielo gris y al ruido tenebroso de la ciudad que los habita, salió el sol sobre el mar como otro enigma. Los niños lamentaron la partida, a ella le gustó que el tiempo se acabara, no deseaba la luz sobre los hombros, tenía entera la historia de esos días y le bastaba el recuerdo de la lluvia en los ojos para curarse el sitio donde arden las respuestas. Cuando llueve en el mar, entienden los humanos. No hay remedio, se dicen, sobrevivir es cosa de valor y de intemperie.

Escuchan los volcanes

De vez en cuando ella extraña los volcanes. Ni siquiera recuerda la primera vez que los vio. Los vio desde la edad en que los recuerdos no se recuerdan, y en todas sus edades los fue viendo mirarla impasibles y heroicos, insaciables y remotos.

Ella sabe que los volcanes se comen a la gente, por eso nunca los escala, por eso sólo quiere mirarlos desde lejos, mirarlos y saber el consuelo de mirarlos.

Cuando todo se mueve, cuando la inquieta vida la hiere con la irredenta luz de sus verdades, cuando no sabe bien quiénes tienen razón y quiénes mienten, quiénes van a quedarse y quiénes a dejarla, qué tiene a su derecha y qué en su entraña, qué porvenir le duele y cuál prefiere, qué vale más, la piel o las palabras, qué amarga menos, la ausencia o el exceso, entonces ella corre a los volcanes. Se asoma al misterio que los mantiene unidos, al enigma de intuirlos durante horas cambiar de luz, de nubes, de tamaño. Sentada en la misma silla los mira ir y venir, esconderse y oírla.

Nunca se pierden los volcanes, nunca la dejarán perderse en otra orilla. Todas sus pérdidas han de pasar por ellos y cuanta historia tenga la sabrán sus abismos.

Por eso aun cuando llueve, cuando están escondidos, a ella le gusta ir cerca y pedirles milagros, esperar horas y horas para atisbar sus cumbres, apostar si a las seis o al cuarto o a la media, las nubes se abrirán para dejarla verlos, para sentir que escuchan y presienten, que le guardan los miedos, las victorias, el tiempo adormecido entre sus labios.

Los volcanes brotaron del fondo de la tierra para consuelo y joya, para sombra y cobijo de quienes nunca entienden. Hace millones de años que están ahí mirándose y que el tiempo es un juego para su juramento y nuestro juramento es otra pena para su largo tiempo de escuchar juramentos.

Ellos lo saben, y ella mientras los mira va sabiendo: no hay una tarde igual a otra, no hay amor de hoy igual al de mañana, no hay te juro que siempre, no hay detente. Y en un millón de años y el mes que entra, aunque sigan ahí, todo será distinto, por idéntico que todo parezca todo será distinto, porque todo en la vida es único, irrepetible y fugaz. Todo, hasta los inmutables volcanes y su carga de juramentos olvidados.

Cuando baje el volcán

Hace unas semanas comió con nosotros en Puebla un hombre inteligente y apacible que se dedica a estudiar las montañas vivas. Sabe tantas cosas sobre su pasado e imagina tantas sobre su futuro que además de vulcanólogo adquirió entre los niños y quienes sentimos su delirio por el futuro, las virtudes de un sabio.

Nos rodeaba una tarde clara, brillante y altanera. Frente a nosotros, los volcanes rompían el cielo ganándose el mejor lugar en el horizonte.

Lo escuchamos durante más de cuatro horas con el placer de quien descubre una pasión compartida. Nos habló de su composición y de sus lagos, del fervor que les tienen en los pueblos sitiados por sus laderas, de la mañana en que abrigados como suizos y cargados de piolets y cuerdas, caminaron hasta la cumbre del Iztaccíhuatl guiados por una viejecita que como todo abrigo llevaba un rebozo negro y como todo instrumento de ayuda en el ascenso usaba unas sandalias de plástico marca Zandac.

"Gregorio" llamaba al Popocatépetl y hacía poco tiempo que había subido a visitarlo para llevarle una ofrenda.

Pero la parte de aquella conversación que más impresionó a sus escuchas fue la que nuestro querido vulcanólogo dedicó a diagnosticar las posibilidades de erupción y sus rotundas consecuencias.

"Cuando haga el primer ruido, van a estar rotos todos los vidrios de la ciudad", dijo sin la intención de atemorizarnos. Más bien parecía fascinado con la idea de que por lo menos algo así sucediera.

Ahora que lo recuerdo, siento que tras cada una de sus palabras, tras todo el tiempo que dedicó a fascinarnos con la acumulación de misterios guardados en las entrañas de los gigantes que reinaban frente a nuestros ojos, había el deseo de mirarlos aullar, escupirnos, alcanzarnos.

No porque sea un hombre maligno, sino porque se muere de la curiosidad. Ha estado rondando a esos monstruos, les ha dedicado todos los años más importantes de su vida, es lógico que le interese oírlos hablar. Del mismo modo en que quienes hemos crecido bajo su sombra sentimos una fascinación por todo lo que tenga que ver con ellos: el enigma de que la exhausta Iztaccíhuatl haya nacido cientos de años antes que su guerrero, por ejemplo.

—Después de que ella se adelantó tantísimo, las demás mujeres deberíamos quedar eximidas de cualquier reproche que tenga que ver con nuestra habitual tardanza —dijo una voz.

Las mujeres nos reímos, los hombres aprovecharon la oportunidad para volver a quejarse de nuestros "inevitables cinco minutos después de la hora pactada."

Luego regresamos a las erupciones. Nos acordamos de Pompeya y volvimos a pensar en aquellos antiguos a los que sorprendieron las cenizas hirvientes de otro volcán memorable.

Después nos explicó cómo había sido la erupción del Paricutín, la del Chichonal y la del volcán colombiano cuyas imágenes todavía se recuestan en nuestra memoria.

Mientras tanto se fue haciendo de noche. Durante un rato el cielo se volvió anaranjado, más tarde una penumbra pálida cobijó las sombras de nuestros dos volcanes. Todavía podíamos verlos: inmensos y sagrados, estremecedores y por primera vez temibles.

Una hora después, sin que pudiéramos decir de dónde venían, llegaron las nubes de una tormenta veraniega y la noche se quedó no sólo sin volcanes, sino hasta sin estrellas.

Sin embargo los adultos no pudimos cambiar de tema. Ni siquiera la intrusa política perturbó nuestro santo temor a los antiguos dioses del altiplano. El vulcanólogo sabía cosas y nosotros teníamos dudas que nunca sobran.

Cuando acepté que la lluvia no pensaba largarse, fui a buscar a mis hijos que estaban en un cónclave presidido por el Capitán Crunch y los Chokos. Habían llenado sus platos hasta el borde de aquellos cereales que juntos tienen el nombre de una banda peligrosa, pero tampoco habían podido librarse del tema de una de las pocas conversaciones adultas que no han convocado su indiferencia.

Ni me vieron entrar, así que aproveché para escucharlos un rato sin que se dieran cuenta.

La segunda hija de mi hermana está siempre segura de que sabe mucho más que ninguno de los otros, le lleva cuatro años al más cercano y tiene sobre ellos una autoridad casi volcánica. A ella le preguntó una niña como de siete años, menuda y febril:

—¿Estás segura de que los volcanes pueden hacer erupción?

—Sí —dijo la niña mayor con todo el énfasis que pone siempre en lo que dice y hace—. Estoy perfectamente segura. ¿No oíste al experto?

—Pues yo si hacen erupción me tiro a la lava —dijo la chiquita.

—¿Por qué? —le preguntaron todas las voces de los cerealómanos.

—Para no andar corriendo —les contestó aquella niña de ojos tibios con un aplomo de gran actriz o de profunda convicción.

No sé qué quiso decir ella con eso, pero sí sé lo que me dijo su respuesta.

—La lava tarda segundos en llegar —nos había informado el experto. Y todos habíamos pensando en correr de cualquier manera.

Hay cosas en la vida que son como la lava, algo que nos alcanza más pronto de lo que imaginamos, algo que nos toca a pesar de todo el esfuerzo que dediquemos a tratar de evitarlo. Sin embargo, uno casi siempre corre cuando lo siente venir.

¿Sería inútil huir de la lava, del temblor que puede cambiar para siempre el paisaje del valle, del fuego y la fiereza que tal vez estén guardados bajo tierra como una sentencia para quién sabe quién? ¿Sería mejor —como dice la niña— tirarse dentro y por voluntad propia, cambiar con el paisaje que de cualquier modo nos alcanzará?

¿Qué debe uno hacer? ¿Tirarse sin más? ¿Y si la temible lava piensa detenerse a nuestros pies? ¿Por qué va uno a facilitarle las cosas?, o ¿por qué va uno a andar corriendo en balde?

—He aquí un gran dilema moral —ironizó mi privadísimo Pepe Grillo.

—¿Verdad? Y eso no es lo peor.

—¿Qué es lo peor? —dijo Pepe que vive incrustado a mis tripas y sus vaivenes.

—Lo peor es que ya no puede uno tener ni siquiera una apacible conversación sobre los volcanes —le contesté.

La ciudad entrañable

Vuelvo de Puebla y la miro cuando el auto se detiene un segundo en la última cresta de la carretera que se acerca a ella desde el sureste mexicano. La miro antes de empezar el descenso que hacemos los afortunados, los inconstantes que salimos de vacaciones durante la semana de Pascua. La carretera de regreso es el camino más amplio que conduce al Distrito Federal desde el sureste del país: un conjunto de ciudades, pueblos y playas que tienen juntas la extensión de Alemania.

Vuelvo por un camino en permanente reparación, dispuesta a invertir una hora en recorrer los 30 kilómetros que van de la entrada a la ciudad de México al punto medio en que dormita mi casa. Vuelvo a la ciudad más grande, al Distrito Federal, a la capital de la República, y me siento atraída sin remedio por la irresistible experiencia de quienes hemos decidido pasar nuestra vida con ella, y peor aún, traer a nuestros hijos a vivirla.

Una buena parte de quienes vivimos en la ciudad de México no nacimos en ella, sin embargo la hemos adoptado como nuestra y tenemos con sus calles y su caos una relación ambivalente: a veces nos resulta el sitio más abominable, ruidoso y sucio que pueda existir, a veces toca nuestro corazón con los placeres más inusitados: una tarde en el parque de Chapultepec, tres pájaros comiendo pasto en alegre comadreo sobre un estrecho camellón bajo un aire con 300 imecas de ozono, un luminoso amanecer entre amigos nacidos en lugares tan opuestos y remotos que no hubieran cruzado jamás por nuestra vida si no fuera por la locura que nos condujo a todos a esta ciudad.

La veo allá abajo, implacable y coqueta, aposentada como una matrona sobre lo que fue el lago de los aztecas, el sitio más hermoso que aquel pueblo guerrero encontró después de caminar durante años desde el norte del país. La veo, quiero percibir cómo se hunde quince centímetros cada año, robándole terreno a los pueblos vecinos, a las ciudades vecinas, extendiendo su beligerancia por sesenta y tres mil hectáreas de actual desarrollo urbano. Una décima parte de la superficie de Alemania.

Mi automóvil inicia el descenso y me resigno, como siempre que vuelvo a ella, a ser tragada por sus humos y sus luces, su tránsito ensoberbecido y febril, sus veinte mil restoranes y bares, sus teatros, sus taquerías, sus multiplicados y recientes video clubes, sus torres con ventana de espejo, sus casas de bolsa custodiando alertas más de setenta billones de pesos, sus tres millones de personas viviendo donde la tierra no les pertenece, o les falta el agua o la luz o todo al mismo tiempo, su doce por ciento de las viviendas construidas con láminas, sus quinientos noventa hoteles, sus casi tres millones de automóviles, sus tres mil cuatrocientos autobuses de transporte colectivo, su enervante Metro, sus 270 kilómetros de ejes viales haciendo pedazos lo que hasta hace poco eran pacíficas colonias de clase media, su viaducto como una maldición gitana cuando está en nuestro camino, su periférico como dos maldiciones cuando es nuestra única ruta.

Digo, me resigno, porque hace veinte años que vivo y veo crecer este maremágnum y sé, por más que protesto, que aquí voy a seguir viviendo. Soy una más entre los ocho millones de personas que se pelean en esta ciudad, una entre los quince millones que pueblan el sobreexplotado y efervescente valle de México.

Somos ochenta millones de mexicanos y el 22% vivimos en este valle rodeado de montañas que casi nunca se ven. Mañana, después de la semana menos activa del año, todos volveremos a trabajar.

Cuando nuestro auto llega a la Calzada Ignacio Zaragoza, un largo camino infernal en el que los automóviles, los semáforos y los peatones se dedican a hacer cada cual lo que quiere y todos parecen tener distintos rumbos, el señor del volante acalla mis maldiciones haciéndome ver que nunca en la historia de la humanidad se han congregado tantas personas en el mismo lugar, que debo mirar esta entrada inmunda como ahora vemos la entrada a la Babilonia del año 1000 a.c.

Hace calor y hay tierra en el aire, los vendedores de chicles y helados se acercan a las ventanas saltando como si fueran parte de un desfile de circo. Los coches ruedan a 15 kilómetros por hora o se detienen durante largo rato a tocar el claxon para mostrar sus agravios y sus desentendidos. Compadezco a los habitantes de Babilonia y oigo la voz de Guadalupe Pineda, una cantante con voz de ángel, diciendo la canción que fue un éxito en los años cuarenta y que ahora ha vuelto a poner de moda:

Te llevo muy dentro,
te niego, te busco,
te oigo, te quiero...

La tararee con ella y pienso que está bien para un amor irredento mientras trato en vano de asociar la milagrosa entrada a Babilonia que abre el museo de Pérgamo, con sus leones y sus mosaicos amarillos, a este desorden en incontenible movimiento que nos tiene atrapados. "Te odio y te quiero" vivimos diciéndole a esta ciudad quienes la padecemos y gozamos. El 16% de la población económicamente activa en el país trabaja en la ciudad de México, pero esta ciudad aporta el 27% del Producto Interno Bruto.

Mañana todos volveremos a trabajar. Mañana mis hijos entrarán a una de las dos mil escuelas primarias que cada día abren sus puertas en el Distrito Federal, doscientas parejas contraerán matrimonio y veinte firmarán su divorcio, un número incierto de hombres y mujeres se harán el amor como por primera vez y quién sabe cuántos perros, gallinas, ratas, ardillas y piojos volverán a jugar el rito que los reproduce. Mañana cada quien volverá a comerse una parte de las trece mil toneladas de alimentos que ingresan diariamente a la ciudad y una de las trece mil se pudrirá sin utilidad y sin remedio en la Central de Abastos por mala refrigeración. Mañana cada uno tirará con rigor y disciplina los 940 gramos de basura que tira cada habitante y se cruzarán en nuestro camino algunas bardas y paredes bautizadas con propaganda política o grafitis. Pero muy pocos leerán la sentencia del poeta Carlos Pellicer dibujada en una pared por una mano ferviente la tarde del viernes: *Aunque vengas mañana/en tu ausencia de hoy/perdí algún reino.*

Bardas, edificios, banquetas, basureros, escuelas, bares, tiendas, niños que venden chicles y hombres que tragan fuego. A diario cientos de miradas que no volveremos a mirar, de brazos y bocas que no tocaremos jamás, y sin embargo cada quien encuentra su rincón preferido, su lugar secreto, su pequeño pero intenso espacio privado. Cada quien su creación, su amigo del alma, su cobijo de seres entrañables que la enorme ciudad no sólo no prohibe sino prodiga. Podemos compartir el caos, pero hay un orden casi perfecto que nos domina y arrebata al horror: la ciudad permanece. Hay algo en esta ciudad que ha hecho fuertes a sus habitantes, hay en sus habitantes la certidumbre de que este no es el paraíso: respiramos un aire con altos niveles de plomo, ozono, dióxido de hidrógeno y monóxido de carbono, nos arden los ojos y las gargantas, los vientos dispersan toneladas de polvos fecales, estamos a 2,500 metros sobre el nivel del mar y rodeados de un anillo montañoso, de nuestras 63 mil hectáreas urbanizadas sólo 37 son parques y jardines, cuando llueve las casas se manchan y cuando no llueve se tiznan: pero vivimos donde viven los que han aprendido a sobrevivir, los que se negaron a una existencia aburrida y previsible, los que fueron capaces de emigrar, los que cada mañana se desesperan pero cada rato amanecen a la esperanza. Y estas certidumbres nos mantienen a salvo, nos protegen del terror y del tedio, nos hacen sentir no sólo dispuestos a seguir viviendo en la ciudad más grande y enrarecida del mundo, sino privilegiados de pertenecer a la estirpe desaforada de sus habitantes.

Don de lengua

Cada quien tiene sus ritos y pone sus devociones donde va pudiendo. Yo tarareo boleros. Nunca me los puedo aprender completos, pero repito algunas de sus sentencias y preguntas hasta que quienes me rodean se hartan o se sienten hechos a un lado.

Mis hijos tienen su modo de penetrar el tejido de estos soliloquios musicalizados: ellos preguntan. Sin temor y sin clemencia, dedican sus ratos libres a intervenir mis interpretaciones musicales exigiendo que les responda todo tipo de preguntas:

—¿Mami, qué quiere decir dinero?

—¿Sabes qué quiere decir no sé? ¿No? Quiere decir nariz.

—Ma... si hay dos pájaros repetidos tres veces, ¿se dice dos por tres o tres por dos?

—¿Coger dinero de tu bolsa es robar?

—¿Cuánto es veintiuno por treinta?

—El verbo es la acción, ¿el adverbio es?

—¿Cómo hacen los videoclips?

—¿Cuántas personas trabajan en el Aurrerá?

—¿Compraste pizza?

—¿A quién quieres más?

—¿Por qué se divorcian las personas?

—¿Cuándo se alivia tía Luisa?

—¿Por qué se visten de blanco los doctores?

—¿Por qué es mala la reelección?

—¿Qué pasa si aprieto este botón de tu compu?

—¿Por qué las personas piensan que hay dioses?

—¿Qué quiere decir enigma? ¿Por qué cantas eso tan raro?

Con esas y otras muchas preguntas diarias atormentan mis distracciones y me llaman a lo que ellos consideran realidad.

Como tantas otras madres, me las arreglo para contestar lo que voy pudiendo o para seguir cantando cuando no sé qué decir.

Al terminar el ajetreado año de 1991, Catalina me preguntó una tarde:

—¿Mami, de dónde sale la lengua?

Tenía en los ojos las alas de un pajaro ávido y extendía su risa con la certidumbre de que yo sabría contestarle. A veces sus intrépidos siete años confían en mí como yo en la sabiduría de los boleros, entonces me avergüenza su entrega y quisiera yo tener respuestas para todo, como los boleros.

—¿La lengua? —pregunté moviendo la mía para ver si así podía yo sentir desde dónde me la jalaban, a qué precisa parte de mi garganta, mi faringe, mi corazón, mi estómago, mis piernas, mis talones, estaba sujeta la tira de carne inquieta y suave que tantas dichas provoca.

—¿La lengua? No sé.

Cuando bostezo la lengua me sale de un cansancio que hace meses acarreo de un lado para otro y que tal vez sea la edad y ya no vaya a desaparecer jamás. Puedo dormir cinco horas o siete, nueve y hasta diez un día de suerte, pero la lengua que meneo mientras bostezo, me sale de un cansancio que no sé cuándo empezó a quedarse entre mis huesos.

Cuando toso, la lengua me sale de un catarro constipado por el que nunca guardé cama y que sigue paseándose conmigo. De tanto acompañarme ha perdido el pudor y ya no pide

48

disculpas, ni siquiera piensa que al pasear va contagiando parroquianos con la misma desvergüenza de aquella que anidaba en quienes me la contagiaron.

Cuando converso, la lengua me sale de herencia. Mi padre era un gran conversador, mi madre es una conversadora agazapada que le tiene miedo a su lengua porque sabe que es una lengua memoriosa y fatal que cuando se suelta puede poner sobre la mesa historias de horror y barbarie que todo el mundo ha pretendido olvidar en la ciudad que habita. Mi abuelo tenía una lengua exacta como navaja y alegre como una victoria. Recordaba lo necesario cuando era necesario y olvidaba lo desagradable cuando era innecesario. Mi tía Alicia sólo necesitaba mirar de reojo para describir con fervor y precisión desde los ojos hasta las medias flojas de una señora a la que no había visto jamás, a su lengua le gustaba tanto conversar que en el velorio de un señor que había muerto de modo inesperado y horrible, se dio a la tarea de llenar el incómodo silencio que provoca la cercanía de un muerto ajeno y, tras hablar toda la noche, se despidió de la viuda diciéndole:

—Señora, muchas gracias, estuvimos muy contentos.

Pero también la lengua conversadora es de contagio y uno siempre anda buscando con quién compartirla: la lengua de mi amiga Lilia Rossbach no le da tiempo ni de respirar entre asunto y asunto. En general, mis amigas son de lengua conversadora, hablar con ellas es siempre un entrenamiento y al mismo tiempo una permanente olimpiada, la que obedece la voluntad de tregua que una lengua pide de vez en cuando, pierde irremediablemente su oportunidad de sacarse del entrepecho los disgustos, pesares y júbilos que le aprietan.

Algunas lenguas son mejores por teléfono, se esmeran porque en esas conversaciones todo depende de ellas, la gente no puede ayudarse con las manos, los ojos, la boca fruncida o los hombros levantados para decir nada. Así que las lenguas, dejadas a su único arbitrio, se desatan y trajinan con más libertad que nunca.

A veces la lengua sale del silencio. Entonces dice unas cosas en vez de otras y acompaña nuestros labios en la risa que debía ser mutismo. Esas veces, la pobre lengua anochece llena de mordidas.

No siempre acierta la lengua, tiene razón la señora Soto cuando nos dice a mí y a su hija María: hablen menos, así meten menos la pata.

El día que nos duele, la lengua sale del corazón y el día que nos libera, sale del estómago. Algunas veces la lengua cree salir del cerebro, pero casi siempre se equivoca al creerlo. Puede ser que la lengua salga de las orejas, pero también es fácil que venga desde las rodillas, por eso es difícil hablar estando hincado. A lo mejor la lengua sale del sitio mismo que guarda los deseos, por eso besamos con ella, por eso ella se queda con el vivo recuerdo del cobijo que otra le dio entre juegos.

Cuando canta, Pavarotti enseña una lengua blanca, corta y gorda sin la que no podrían existir los sonidos con los que nos toca cuando dice *Parlami d'amore Mariu*. Su lengua debe ser un hongo mágico y se ve tan fea porque algo de toda esa perfección tenía que ser feo para que toda esa perfección fuera posible. La lengua de Pavarotti sale de un bosque y nos asusta.

No hay duda que la lengua tiene alianza con los ojos, por eso hablamos con la mirada, por eso arde la lengua cuando no podemos decir lo que vemos, y arden los ojos cuando nuestra lengua dice por fin las cosas que se ha callado mucho tiempo.

Sin duda la lengua tiene sus quevederes con la risa, y el llanto la tiene atada a sus designios. La lengua sale de una cueva oscura, sale de un lago quieto, de dos montañas entre las que no cupo, de un mar que nos la entrega y se la lleva según les va gustando a sus mareas. La lengua es una llama, es un hielo, un pedazo de tierra, un pez atado a nuestra fortuna, un pez enfurecido que algún designio raro no sacó por completo del agua, por eso se debate en la humedad de nuestras bocas y a veces está viva como dentro del río y a veces tiene sed y se muere como cualquier pez a la intemperie.

La lengua es el deseo de una oración, la respuesta a una oración, el consuelo de los que no pueden orar. La lengua sale de mil partes. Su procedencia no depende de nuestra voluntad o nuestro arbitrio. La lengua imagina, recuerda, acaricia, detesta, la lengua es lo más vivo que tenemos y sale de donde mejor le parece y según cree que la ocasión amerita.

Don de lágrimas

Con el tiempo uno vuelve a llorar como los niños, por lo que sea. Llora con más frecuencia que de joven, pero también con más pudor que nunca. Porque con el tiempo uno aprende a mirarse cuando llora, y eso lo seca todo.

Antes, siempre que recordaba a mi padre me sentía huérfana y en el derecho a llorar por él y por mí con todas las lágrimas que desde niña guardé para cuando se muriera. Pero lo recordaba menos que ahora. Ahora lo pienso por lo menos una vez al día, sólo que cuando voy a llorar más de dos lágrimas me miro las manos y pienso que a mi edad hay quienes pierden a sus hijos. Entonces mi derecho a llorar desaparece.

Hace días, en medio de la noche se oyó un ruido de cristales cerca del comedor. No fui a buscar su origen, le tuve miedo al fantasma que jugaba en la cocina o en mi estudio. A la mañana siguiente encontré en el suelo las dos barcas que Pamela Atkinson le robó una tarde a Holbox. Quién sabe cómo se habían caído del librero a medianoche, el caso es que los vidrios del marco rompieron la foto y cuando la vi quise llorar. Nunca he podido conocer la isla de pájaros y pescadores solitarios que es Holbox, tener las barcas señoreando los dos metros en que escribo era un modo de poseerla desde lejos, a la isla y a tantas cosas que sólo he tenido como torres de viento. Me senté a ver las barcas separadas por un agujero de cristales y solté las primeras dos lágrimas. Después, la maldición de la mirada me jodió la ambición de imposibles. ¿Qué más quieres, ingrata, si puedes patinar el Parque México?

Ya no puede uno llorar ni en los entierros.

—Haz algo útil —me aconseja el buen juicio cuando la pena quiere volverse ruido. Si empiezas no vas a servir de nada.

Tampoco está bien llorar en público cuando el Gabo García Márquez está leyendo una cosa que hace reír a todo el mundo.

—Es tristísimo —me digo con las lágrimas como sables. Luego echo la cabeza para atrás y me las como.

Si la cabeza no se metiera en lo que no le importa, uno podría llorar como quien duerme, para descansar. No habría que sentir vergüenza de lagrimear los lunes en el homenaje a la bandera que hacen nuestros hijos cuando entran a la escuela, podría uno hacer pataletas tirada en el suelo cuando se despide de alguien, no nos importaría que todo el mundo oyera nuestros gemidos en el cine y por supuesto que podríamos acompañar a otros en sus lágrimas cuando los vemos sufrir sabiendo que no hay cómo ayudarlos. Si es tan natural reírse con la risa de otros, ¿por qué contenemos el impulso de llorar con otros? ¿Por qué si valoramos el sentido del humor encontramos vergonzoso el don de llanto? Seríamos mucho más entendidos si nos permitiéramos llorar cuando queremos.

Sin embargo, hemos puesto las cosas de tal modo que uno ya no puede llorar ni por lo que debe. Por eso tienen mérito las personas que pasan de los cuarenta conservando lo que peyorativamente se llama lágrima fácil.

Elena Ramos Sauri era bajita y rubia, de ojos verde agua y lengua apresurada. Yo no la veía vieja pero ya no era joven en los tardíos años cincuenta. Tenía una tienda pequeña que se llamaba "El Caracolito", en la que vendía billetes de lotería y salchichas con pan caliente. Ibamos a visitarla alguna tarde de la semana y la oíamos hablar con nuestra madre que era hija de su hermana y le tenía una devoción como la que se les tiene a los niños. Mientras ella hervía las salchichas y buscaba un refresco para cada sobrino, le contaba a mi madre unas historias para adultos que aún iluminan mis recuerdos por la velocidad y la precisión de sus imágenes. Siempre tenía en la boca un deseo o un delirio, una necesidad impostergable, la eterna añoranza de su marido ausente. Y siempre pero siempre terminaba salpicando sus palabras con unas lágrimas grandes que no trataba de disimular y que salían de sus pequeños ojos claros con una naturalidad deslumbrante. De la manga del suéter o la bolsa de la falda sacaba un pañuelo de tela bordada y sin dejar de hablar se secaba unas lágrimas para dejar paso a las otras. No recuerdo a mi madre sobresaltada o incómoda con las lágrimas de la tía Nena, era tan natural su llanto y tan corta su estatura que ella la trataba como a una niña y los niños la veíamos como a una igual. Por eso, por la facilidad con que lloraba, quedarse a dormir en su casa era una fiesta. Estar con ella era distinto a estar con cualquier otro adulto. Con ella se valían los cambios de clima internos que los niños aún no aprenden a disimular. Y acompañarla en sus rezos junto a la veladora que presidía la luz de su pasillo, era entrar en unas confianzas con el Todopoderoso que nadie fuera de ella se permitía a nuestro alrededor. Justo antes de dormir y después de cenar chocolate y galletas, se autorizaba una última llorada a los pies de la imagen del Sagrado Corazón de Jesús. Ahí dejaba hasta el más viejo de sus pesares y después dormía con el alma limpia de lágrimas hasta el día siguiente.

Pero no bien abría los ojos a la vida, al entrar la luz en hilos delgados por las maderas que oscurecían su recámara, se sentaba en la cama, prendía la lámpara de su mesa de noche y abría el primer cajón buscando los cigarros. Fumaba jalando el humo con suspiros profundos y bien acompasados, sin darse más tregua que la necesaria para devolverlo al aire en penumbra de la recámara. Al terminar apretaba el cigarro contra el cenicero dándole golpecillos apresurados y recordaba el tiempo en que aprendió a fumar: vivía con sus papás en la ciudad de México. La Revolución los había llevado de la hacienda en provincia a la casa en las calles de Oaxaca que era su última pertenencia, y vivían con estrechez pero en paz.

—Pobrecitos mis papacitos, tan buenos —decía al mismo tiempo en que soltaba las primeras lágrimas de la mañana. Después se levantaba a ponerse una bata sobre el camisón por el que dejaba salir la mitad de sus blanquísimos pechos, abría los oscuros y me llevaba a preparar un suculento desayuno escanciado con recuerdos y lágrimas.

Los adultos hacían bromas sobre la facilidad con que lloraba la tía Nena, pero alguna envidia debe haberles provocado lo que les parecía una mezcla de impudicia con debilidad. Yo crecí admirándola, aunque al fin aprendí a no llorar como se debe. Tanto oí que eso era lo correcto, lo fino, lo valiente. Tanto, que me sonroja llorar tras de la puerta cuando nadie está viendome, cuando el nudo en la espalda me sugiere durante más de una semana que la única cura sería llorar un rato sin buen gusto y sin miedo junto a una veladora.

Tuve otras maestras de llanto cuyas enseñanzas me haría falta practicar. La primera se llamaba Lupe Cuatle. Llegó a trabajar como nana en una familia de cuatro niños cuya hija mayor tenía tres años. Mis hermanos habían nacido a tal velocidad después de mí que nunca pude sentir tener celos. Cuando nos dimos cuenta, éramos cinco reclutas del mismo profesionalismo conyugal. Para entonces yo cumplí cuatro años y tenía la edad perfecta para iniciarme en el aprendizaje del llanto. Pero no tenía buenas maestras a mi alrededor, mi madre jamás lloró frente a nosotros, Delfina la cocinera no lloraba ni cuando se cortaba ni cuando se quemaba, y Lupe Cuatle parecía inmutable y hierática. Hasta que se peleó con su novio. Entonces anduvo un tiempo con el ceño fruncido y la mirada baja que la hacían parecer más una víctima del mal humor que del mal amor y una tarde al cerrarse la puerta tras mi madre, prendió el radio y llamó por teléfono para pedir que la complacieran con una melodía. Luego se sentó en el suelo frente al aparato guardado en un mueble de caoba y me permitió estar cerca subida en una silla columpiando los pies. Aún recuerdo la solemnidad de su gesto cuando el locutor anunció que había llegado el momento de complacer a la señorita Cuatle con la canción *Espinita* interpretada por María Victoria. Después la música irrumpió por la casa a un volumen jamás escuchado entre sus armoniosas paredes y Lupe empezó a llorar como si en ese momento le estuvieran clavando todas las espinas del mundo a su atribulado corazón.

Yo quisiera haberte sido infiel
y pagarte con una traición

decía entre sollozos desconsolados, ensimismada y remota. Yo no había visto a nadie mayor de cuatro años llorando de esa manera, pero no se me ocurrió ni consolarla ni asustarme. Me limité a entender que si uno quiere llorar y no puede, debe ayudarse con una canción.

Después de aquella tarde vi llorar a Lupe muchas veces, como si la primera canción la hubiera abierto a la dicha del desconsuelo sin recato. A veces ni el radio le hacía falta, dada la confianza que le ofrecía mi respeto absoluto a sus lágrimas y sus canciones, lloraba tarareando mientras me peinaba con goma de tragacanto y un implacable carmenador blanco.

Mi otra maestra se llamaba Guillermina Guerra, pero le decíamos seño Mini. Era redondita, bondadosa, morena y sonriente, con unos ojos vivos como de ardilla y una agilidad escasa pero llena de gracia. En realidad en el colegio la contrataron para enseñarnos taquimecanografía, pero ella pareció saber siempre que estaba llamada a enseñar algo más importante. Quizá por ese aprendizaje pasé de año a pesar de no haber aprendido en taquigrafía más que el gramálogo México, la abreviatura de hombre, la raya horizontal para ahorrarse el que y el ángulo vertical para suplir el para.

La maestra Guerra empleó su tiempo en enseñarnos cosas mas útiles y duraderas. Entre otras a llorar con los libros.

Tenía un desordenado grupo de quince adolescentes interesadas en todo menos en su futuro como taquimecanógrafas. Así que optó por leernos novelas de amor como incentivo de sus lecciones. Al principio la escuchábamos leer mientras tecleábamos lo que ella iba dictando, pero según se hacían intrincadas las aventuras de Anita de Montemar o el duque de Albaza, el ruido de las máquinas iba apagándose y el salón se erguía en un suspenso irremediable y perfecto. La seño Mini dejaba de pasearse entre las bancas y tomaba asiento tras su escritorio empezando a leer despacio como una vestal. Entonces lloraba sin ruido mientras iba leyendo. Nosotras la oíamos, desperezadas al fin, ir contando los desencuentros de gente destinada siempre a encontrarse en el último párrafo, tras múltiples enredos y malentendidos durante los cuales aprendimos lo que nunca en ninguna otra clase, a desear los libros. Cuando terminaba la hora y la pequeña sacerdotisa cerraba la novela para meterla en un bolsón cargado de libretas y manuales, yo no quería otra cosa que robársela para encerrarme a devorarla hasta saber el final. Sin embargo nunca me atrevía a pedírsela, quizá porque sabía que ella la necesitaba para iniciar a otras adolescentes en el rito primero de llorar por los amores alrevesados.

Casi cualquiera de nosotros ha tenido al menos un buen maestro del don de llanto, aunque a diario traicionemos sus enseñanzas para complacer al buen gusto y al arte de fingir fortaleza. Como si hubiera más valor en suicidarse que en seguir vivo, como si los que creen que se han acostumbrado al ruido no estuvieran en realidad quedándose de a poco en la sordera.

Don de tiempo

Le tememos al tiempo porque nos desgasta su diaria cercanía, igual que hace el agua con las piedras a las que lame disimulada y constante todo el día y todos los días.

Desde las épocas en que se hizo famosa la fuente de la eterna juventud hasta las cremas francesas con liposomas, desde el espejo y las pociones de la madrastra que odiaba a Blanca Nieves hasta la gimnasia como deber religioso y la cirugía plástica como tierra de promisión, el pánico a envejecer es un lugar común que a unos se les nota más que a otros, que unos combaten y otros pretenden olvidar, pero que al fin de cuentas padecemos lo mismo las mujeres que los hombres, aunque estos últimos crean disimularlo mejor.

Le tememos al tiempo cuando empezamos a despertar con la espalda torcida o la cabeza mareada, con un dolor a medio estómago que no tiene su causa en un atracón sino en un pedazo de queso, con un callo como el de las tías o un dedo chueco como el del abuelito. Le tememos al tiempo cuando al vernos en el espejo nos encontramos con la misma expresión de un pariente que ya murió, cuando nuestras amigas empiezan a parecerse cada vez más al recuerdo que tenemos de sus madres, cuando nuestros sobrinos adolescentes nos recuerdan el desparpajo que aún creíamos parte esencial de nuestros primos, cuando de un viaje al otro cambiamos el bikini por el traje de baño, cuando en todas las fotos nos vemos cara de cansancio, cuando un hombre guapo cruza nuestro paisaje y pensamos en lo mucho que le gustaría a nuestra hija, cuando empiezan a brotarnos en las manos los primeros lunares idénticos a aquellos que poblaban las manos de la abuelita, cuando el destino se vuelve eso por lo que estamos caminando y deja de ser eso por lo que alguna vez caminaremos, cuando nos brota como un clavel la frase con que felicitamos a un adolescente deslumbrador por lo guapo que se ha puesto.

Casi todos le buscamos la vuelta a las inclemencias del tiempo, casi todos queremos postergar el aviso de muerte que traen los años. Algunos lo consiguen con más eficacia que otros, pero todos los que no morimos jóvenes envejecemos y será mejor hacerlo con donaire y convicción que con litigios inútiles y ridículos inolvidables.

Cuando cumplí cuarenta años di en sentir que no podría yo ser más vieja, que no lo resistirían ni mi vanidad, ni mi cintura. Después, me acostumbré, así como cuando uno bucea en el arrecife cercano a Cozumel y al ir bajando metros hay unos segundos en los que tiene la certidumbre de que le explotará la cabeza, sin embargo se resiste al impulso de empujar hacia arriba porque intuye que abajo hay un mundo que brilla de un modo nunca visto y un silencio que estremece como la idea del infinito y la eternidad. Entonces, en lugar de volver sigue bajando y, un segundo después, entre las rocas y los extraños peces nadie recuerda que alguna vez sintió un dolor.

Tiene sus cosas buenas el camino del tiempo andado, yo pienso en ellas y las recuento cuando quiero negarme a la autocompasión que a veces provocan los cumpleaños.

Con el tiempo, me digo, podré decir todo lo que no he dicho y no tendré que vivir cruzada por el arrepentimiento que me causan las cosas que sí he dicho. Ya hoy, veinte años después de los veinte, me digo que era un cretino el hombre que me quitó el sueño de entonces, sé que algunos de mis maestros no eran genios y que otros eran más bien torpes, me digo y digo que no me gusta cierta literatura y que ni modo, que en el sesenta y ocho estaba yo en la luna en vez de estar marchando en la manifestación del silencio, que en el setenta todavía no había leído *Rayuela,* que me moría por un pase para la muestra de cine y que a Borges lo empecé a querer con los años.

A veces pienso que la vejez debe ser como las vacaciones, una época de la vida en la que uno se siente con derecho a hacer lo que se le pega su gana. Dormir hasta las once del domingo, por ejemplo. Perder la sensación de que a uno lo vienen persiguiendo, quien sabe quién, una sombra, una ambición o un desconsuelo, pero alguien que nos arrea y no nos deja soltar el cuerpo. Entonces podrá uno dedicar la vida simplemente a estar en ella con la intensa conciencia de que aún nos pertenece y aún pertenecemos a su latido extraño y arbitrario. ¿Qué más?

Espero que si me alcanzan los setenta y cinco, los ochenta, los noventa que sueño, dejará entonces de avergonzarme el hecho de que las cosas y los apellidos que van con ciertas caras se me olviden. ¿Más allá del presente y sus desafíos sentiré envidia? ¿Tendré tiempo para peinar los recuerdos que ahora me espanto de la cabeza y las emociones porque quitan el tiempo? ¿Perderé entonces la angustia de que vivo perdiendo el tiempo? Ojalá, me digo, y creo que así será.

Quizá la mejor de todas las cosas que se digna concedernos el tiempo sea la luz con que nos alumbra una ventura cuya fuerza habíamos sido incapaces de mirar. Porque si una dificultad presenta la fortuna es muchas veces la dificultad para mirarla como tal.

Hace unos años, el generoso tiempo me enseñó a ver cuán clave era y había sido para mí la presencia al mismo tiempo tímida y drástica de una mujer excepcional.

Desde siempre oí que ella era perfecta, y desde siempre me perturbó escucharlo porque su perfección me parecía una sentencia: si ella era perfecta, yo que era más bien opuesta debía ser un monstruo.

Hasta que el tiempo pasó sobre nosotras y una tarde cualquiera me hizo reír sobre sus hombros con la sentencia como si fuera un conjuro: —Eres perfecta —le dije. —Siempre tuvo razón todo el mundo.

Este tipo de cosas regala el tiempo. Por eso, más que temerle habría que venerarlo. No es enemigo de nuestras dichas mejores y todos los días nos puede dar una sorpresa.

Quizás, una mañana, hasta las mil libertades que perdimos con la infancia nos las devuelva el tiempo mejoradas.

Viajar

Viajar, como dormirse, es un peligro siempre, y una promesa cada vez. Es lógico temer a los peligros; sin embargo, la intensidad de las promesas aniquila cualquier miedo. Eso lo saben los que se han enamorado alguna vez. Lo sabemos todos. No hay un miedo más implacable, ni más suavemente hecho a un lado que el que nos cruza por el cuerpo cuando el remolino de los deseos se vuelve en busca de la promesa que otro nos hace con sólo existir frente a nuestros ojos.

Viajar, dormir, enamorarse, son tres invitaciones a lo mismo. Tres modos de irse a otra parte, a un lugar, a lugares que no siempre entendemos, que nunca gobernamos, que cada noche son distintos, y cada mañana nos deslumbran y asustan como una tarde de granizo en octubre.

¿A dónde van los niños mientras duermen? ¿En los oídos de quién gritan su júbilo? ¿De qué mundo traen el horror que los despierta en mitad de la noche? ¿Quién los oye y consuela durante horas y horas hasta devolverlos a la orilla del día con las mejillas lustrosas y las piernas exaltadas, con un hambre de primer día en la vida y una dicha voluntariosa y fascinante?

¿Qué sueños invocamos los adultos al viajar? ¿Por qué no sabemos estarnos quietos? ¿Qué consuelo buscamos suspendidos en mitad del cielo, presos de un avión y libres de todo lo demás? No sabemos estar demasiado tiempo en nuestras camas. ¿Días y noches metidos sin remedio en nuestras camas convertirían el cielo en cielo y la necesidad en sosiego? ¿Podría uno sin horrorizar a los demás, sin sospechar de uno mismo, quedarse en una cama en lugar de subirse a un avión, tomar un tren, agotar una carretera, ir por la nieve con algo más que un barquillo? Porque hay lugares que uno visita, en su inmensa necesidad de soñar, por los que la nieve se camina, en lugar de sorberse.

Quedarse en una cama hasta soñar es algo que uno no puede permitirse. Suena el despertador, aparecen los niños con un cepillo, llega el plomero, llega el teléfono, llega el recuerdo de un hombre que añoramos silbando una tonada militar en domingo, llega la peregrina pero incesante certidumbre de que no hay peor pecado que el de omisión, llega la remota memoria de la clase de siete, del parque en espera de nuestros pies, del sol pegando en la ventana como un enemigo.

No se puede dormir en una casa con gente porque la gente hace ruido y en una casa sin gente porque hace falta. No se puede dormir desde temprano porque uno cree que el día se acaba cuando él quiere y no cuando uno quiere, uno cree que las sorpresas pueden aparecer al último momento y que entre más tarde se vaya uno a su cama más delirio puede robarle a cada noche. No se puede dormir hasta tarde porque tal vez sucedan las cosas que no sucedieron el día anterior y uno no podría perdonarse si entre las nueve y las diez al mundo le da fiebre y uno estaba en soliloquio con la almohada perdiéndoselo todo.

No sabemos dormir más de lo inevitable porque en algún momento alguien nos dijo que dormir demasiado atontaba y que sólo los necios soñaban despiertos. En general parece regirnos la creencia de que sólo los necios sueñan, incluso cuando duermen. Dormir está desprestigiado, por eso viajamos cuando estamos urgidos de peligro y promesas.

La otra opción sería enamorarse, pero enamorarse con la euforia que uno se puede permitir cuando viaja, con la disposición al tiempo perdido, a las esperas, a las decepciones, al hartazgo y las comidas insólitas que uno encuentra cuando viaja, es algo que después de cierta edad se ve ridículo. Está aún más mal visto que dormir. Es como dormirse a media calle, como andar en piyama por Reforma, como ser un sonámbulo que cruza sin precauciones por División del Norte.

Lo común es creer que el enamoramiento es una enfermedad de los jóvenes, de los muy jóvenes, de los que todavía no saben su profesión ni persiguen su destino, de los que pueden perder el tiempo en contemplar a otro, de los que duermen más de ocho horas, escriben cartas a mano, y no saben muy bien la ropa que les va. Enamorarse es tejer una promesa emparentada con la quimera, es un peligro que los adultos no pueden llevar a cuestas sin torcerse la espalda.

Por eso, cuando se trata de correr riesgos o buscar promesas, lo más seguro es viajar.

Paseo de manías

A muchos sólo les conocí las nucas y la voz. A todos, en principio, les temí. No hay más que tenerle mala voluntad a un lugar para que del fondo de su inercia surjan sus peores representantes. Y yo, como lo iban diciendo mis modos, sentía por esa isla burbujeante y atrabiliaria un temor que no entendía razones. Por eso me tocaban siempre los taxistas más groseros y desquiciados que Manhattan tiene a bien albergar. La primera vez que el flamante profesor universitario y yo, acompañados por cuatro viajeros profesionales y encaminadores, visitamos Nueva York con miras a buscar un lugar donde vivir tres meses, el taxista que nos llevó del aeropuerto Kennedy al hotel de la ensalada famosa estuvo a punto de matarnos tantas veces que, cuando al fin nos bajamos a las festivas luces del estacionamiento, empecé a llorar como si fueran a operarme de la matriz.

Los días y la reiteración me acostumbraron a viajar mordiéndome los labios y asida a los asientos de aquellos carros de montaña rusa cuyos pilotos manejaban como demonios mientras oían rock pesado o discursos pronunciados por ayatolas, en un idioma incomprensible que suena como los cantos del restorán árabe, aún dormido en la calle de Córdoba, en el que tantas veces saciamos nuestro antojo de argumentaciones y jocoque, la que esto escribe, el ahora sabio vienés doctor José María Pérez Gay y su amigo del alma por esos tiempos ferviente y jubiloso editorialista.

Huraños y temibles me parecieron todos los taxistas con los que tuve algo que ver en aquel viaje.

Sin embargo, aquel viaje no fue de muchos taxis, fue más de pies hinchados y ardorosas caminatas por calles calientes y sucias. Nueva York exhibe su basura con tal impudicia que se vuelve reconciliador caminar entre las gigantescas bolsas negras abandonadas en las esquinas, en las medias calles y donde sea, como si todos hubieran aceptado ya que son las inevitables compañeras de la claridad y la limpieza que desola los edificios. Todo es tan alto y tan brillante que a nadie le preocupa si tiene mugre en los zapatos. El suelo y las banquetas son un accidente, lo que importa está arriba del piso quince. Por eso las bolsas de basura, con sus agujeros y sus deformaciones, no son el lado oscuro, sino la risa de esta ciudad. Apesta, luego llora, llora, luego debe saber cómo reírse. Lo que no hablan sus habitantes lo dice el caos de bolsas creciendo inexorable por las noches, evocando desde su negrura el lado versátil y cálido que hay tras el uniforme resplandor de los aparadores, la pulida abundancia, el exceso y la abrumadora colección de manías que alberga la imaginación de sus tiendas.

En el segundo viaje de este año sí hubo taxis. Antes de mudarnos cerca de la universidad de Columbia, fuimos acogidos por una pareja de italianos que anhela volver a México. El tiene un trabajo muy importante y alberga sus preocupaciones y sus ratos libres en una computadora sabihonda y un aparato de sonido en el que Mozart da conciertos algunas noches y en el que se presentan cada día las mejores cantantes del mundo. Por si algo le faltara a ese despacho, hay una televisión capaz de poner por escrito, sobre la imagen, las palabras. El aparato se inventó para los sordomudos, pero los trastabillantes encontramos ahí la certidumbre de que no se nos va una en inglés.

Ella fue bailarina cuando tenía veinte años y parece no saberlo, pero sigue bailando. Aún extiende los brazos y hace piruetas con la sonrisa puesta, mejor aún que a los veinte años.

Ellos han hecho con cuidado el esfuerzo de acercarse a esta ciudad escandalosa y hostil a primera vista, y no se guardan uno solo de los secretos que le saben. Por eso nos regalan la lista de los mejores restoranes y acompañan nuestra gula por los menús más deliciosos. A ellos Abel Quezada los llevó por primera vez al Gino, un restorán italiano por cuyo menú podría pasearme el resto de mi vida, y ellos nos llevaron al Gino y a los chinos, al mejor salmón, a las ostras más chicas y a las más grandes. Con ellos fuimos a oír a Woody Allen tocar jazz, ávido y frágil como un colibrí, y con ellos caminamos por la papelería más febril del planeta. El dios que cuida la vida de los taxistas cuide de ellos, porque se lo merecen.

Como son generosos merecen una larga vida y el dios de los taxistas se especializa en prolongar existencias. Hay que viajar con ellos para saber que sólo protegidos por un dios todopoderoso y amable al que ni siquiera se toman la molestia de bendecir, cuida que no se mueran cinco veces al día, como debían morirse, si la lógica tuviera consecuencias lógicas.

Entre la casa de la 70 East y la 119 West los infames taxistas me hicieron volver a creer en el infierno. Sus nucas y sus cabezas despeinadas sobrevivieron a mis ganas de clavarles una navaja que me vengara. Por desgracia para Manhattan que se hubiera librado de algunos vándalos y por suerte para mí, que ahora escribiría desde una cárcel gringa, tengo los instintos asesinos tan reprimidos por las varias escuelas y catecismos de mi vida que no me atreví ni a comprar la navaja.

Sin embargo, un taxista recién llegado de Israel, que hablaba un buen inglés y odiaba la literatura rusa, antes de entrar en pláticas creyó que el palillo de dientes con el que mi mano jugueteaba cerca de él era un instrumento feroz. Empezábamos una conversación cuando apretó mis dedos con su puño y me miró como si fuera yo palestina.

—¿Qué trae aquí? —dijo con una voz de metal y odio. Abrí la mano y le mostré el palillo. Se avergonzó tanto que tras respirar me dijo, conciliador. "*I thought that I was going to be killed by a pretty woman*".

Qué más quisiera éste, pensé, segura de que la única *pretty woman* del planeta es Julia Roberts, a quien el día anterior habíamos visto caminando por Madison Avenue, despintada, despeinada, con unos pantalones de mezclilla tres tallas mayores y unos anteojos pequeños y oscuros como los de Venustiano Carranza, con los que de todos modos seguía siendo divina.

El departamento del profesor está en un edificio llamado Buttler House. Es viejo, lo que no significa antiguo, pero está cerca de la universidad de Columbia y según todo parece indicar, el profesor, a pesar de lo que yo opine, no es original cuando pretende encontrar un departamento por el rumbo. Todos están ocupados y es muy difícil dar con quien rente algo por sólo tres meses. Así que él aceptó este lugar contra el que yo, convertida en bruja, proferí toda suerte de maldiciones. Estuvimos a verlo en nuestro viaje de exploración y la segunda vez era un hecho irrefutable. Ahí quería vivir el profesor.

El departamento es pequeño pero tampoco se necesita más, tiene una cocina más chica que un clóset, pero al profesor nunca le ha dado por cocinar. La primera vez que entramos todo olía intensamente a pintura pero no había papel tapiz, lo que le concedía a ese lugar una superioridad, yo diría que moral, respecto del que vimos la primera vez. No pareció difícil volverlo un lugar cálido y memorable. El único problema fue que para llenarlo de cosas, para poner entre sus paredes una billonésima parte de lo que esa mañana sacaron a la venta en Nueva York, hubo que hacer muchos viajes en taxi.

Un viaje al Museo Metropolitano lo hicimos con Claudio Calvahlo. Era un muchacho brasileño que llegó a Nueva York como turista y se quedó a trabajar en un taxi. Oía samba en su radio y conversaba en un inglés que amablemente iba salpicando con el español aprendido entre los muchos latinoamericanos que frecuenta. Manejaba al ritmo de su música y nos contó de la pena que siente por los latinos que no hablan inglés, cobran medios salarios y viven encimados y exhaustos. A él —dijo— no le va mal. La verdad es que se veía contento. Hasta empezaron a gustarme los taxistas.

De regreso, Irshad Ahmed, moreno y taciturno, se metió al Bronx como si ahí hubiera nacido, y de una calle a otra saltamos de la paz dominical del rico East neoyorkino, a una serie de callejuelas sórdidas y pintarrajeadas en las que la gente camina de prisa y las bandas de adolescentes miran furibundas y feas el paso irregular y amedrentado de un extraño. Irshad no habla inglés, no sabe dónde queda la 119 y hubo que ayudarlo a salir de ahí con una habilidad de orientación que el profesor heredó de algún antepasado que viajó con Colón y que nos salvó de caer en el cogollo de las nueve de la noche a medio Bronx.

Como Irshad Ahmed, Aktaruz Zamaán y otros dueños de nombres y gestos temerarios, llegan a Nueva York, miran un mapa, quién sabe qué loco les da una licencia temporal y entran a recoger desafortunados.

En el siguiente viaje sabré reconocerlos y les huiré.

"They are all money mad" dijo John Phair, un irlandés que sin haberse bebido nada a las once de la mañana tenía un rostro colorado y dichoso, un extraordinario sentido del humor y una voz rápida con la que describió eufórico y filósofo el ir y venir de su vida en la ciudad que lo recibió hace catorce años. Es un turista culto, ha estado varias veces en México y recuerda con delicia las ruinas mayas y las iglesias oaxaqueñas. Nos ayudó a cargar la enorme caja blanca en que llevábamos ese pase a la gloria que el profesor ha colocado en su televisión. Luego se fue con su certeza de que nunca volverá a la frívola California y de que Tolstoi es el mejor escritor que ha dado la historia de la literatura universal.

71

Haroon Abdullah tiene unos enormes bigotes retorcidos, es hosco y solemne, nos levantó sin dejar de murmurar un rezo y arrancó su automóvil como si fuera lancha. Uno rebota y salta ahí dentro igual que cuando sobre el mar golpea el aire y las lanchas de motor navegan contracorriente, sólo que el paisaje no es azul y los semáforos hacen que la lancha de Haroon respingue en cada esquina como un toro salvaje. Pero me lleva de compras, ese arte religioso que es ir de compras en el puerto más grande del mundo, ahí donde los sueños existen como posibles adquisiciones y saltan de los aparadores codiciables y majestuosos.

Volví a la 119 llena de bolsas y bolsas en el auto que conducía Clarence Gardiner, un hombre tan ceremonioso y amable que parecía mayordomo. Por la cabina de su taxi sonaba Mahler como un conjuro, y regidos por esa música tuvimos una conversación irrepetible como difícil es tararear al buen Mahler. Clarence Gardiner era todo lo contrario de un típico taxista neoyorkino, conocerlo fue como dar con la llave que alguien puso sobre la mesa de Alicia para dejarla entrar a un mundo carente de prototipos, impredecible, complejo y extraordinario. Un mundo por el que vale la pena desafiar al miedo para dejarse caer por el túnel hasta la inacabable serie de sorpresas que nos depara.

Con el tiempo, el pequeño estudio del profesor se ha ido haciendo un lugar cálido y lleno de historias, fotos, reproducciones de algunas pinturas impresionistas, colchas de colores, toallas gordas y un tiradero de libros, lápices y cuadros sinópticos. Con el tiempo, la caja de sobresaltos y audacias que es Manhattan transforma el miedo en una curiosidad insaciable. Y uno descubre de todo, hasta el milagro cotidiano de saber que con sólo marcar el 662-02-66 hace salir por el auricular del teléfono una voz trozadita que dice en español de Puerto Rico: "Radio Taxi Doble A para servirle. ¿A dónde es que desea ir, señora?"

Toreando al miedo

A veces uno tiene miedo. Amanece con él pegado a la piel como la costra más indigna y no quiere abrir los ojos ni mucho menos levantarse de la cama en que lo esconde. Ahí, entre las cobijas, agazapa el temblor que la avergüenza y no se atreve ni a llorar porque también eso le da miedo.

—Va a sonar el teléfono —se dice uno acurrucada en los segundos que le quedan—. Va a venir mi hija a pedir que le peine las coletas, mi hijo me va a increpar porque no he llevado su cereal. Se van a ir sin suéter si no me levanto y se los pongo, van a irrumpir en el cuarto pidiendo tres pesos y su escándalo quebrará el sueño del señor de la casa. Alguien estará pensando que soy una desobligada, que para qué parí niños si no voy a cuidarlos desde temprano. A las nueve llegará una fotógrafa que según me advirtió sólo quiere una risa espontánea. Si no me voy pronto, el tiempo no alcanzará para darle la vuelta a Chapultepec.

Entonces, ni modo, uno se levanta. Brinca del cobijo de las sábanas al de los niños que hablan y litigan con la fuerza de quienes apenas llevan siete años de hacerlo, y empieza a luchar contra su miedo más inmediato: el psicoanalista que la mira

73

desde el año dos mil cinco para estar en completo acuerdo con que uno era una madre dominante y posesiva que no dejaba a su hijo irse a la escuela con el pantalón roto, con que la niña se quedó traumada porque uno la obligó a quitarse los zapatos negros que algún día fueron blancos, con que aún les pesa el horror de aquella mañana en que uno les untó los labios con crema de cacao y los mandó al colegio con la cara brillante como la del negrito sandía.

Después, cuando ellos y el psicoanalista que guardan en su mochila la dejan besarlos y se despiden, cruza por su cuerpo la amenaza de un cuerpo envejeciendo y la empuja a caminar por Chapultepec en una marcha deberosa y vibrante, llena de buena voluntad y devota disciplina.

En la calle un señor contempla embelesado la suave majestuosidad con que su perro ensucia nuestra banqueta en lugar de su departamento. Es uno de esos tipos orgullosos de la buena educación de sus perros que cuentan sin la más mínima vergüenza cómo su mascota es tan correcta y contenida que jamás hace sus necesidades antes de que él pueda sacarla a la calle. Entonces, como por acto de magia, el bien educado perro suelta su guardadito y a otra cosa, a dejar de inmediato el lugar del crimen, que otros serán los infelices encargados de pisarlo, maldecirlo y limpiarlo. Debería uno decirle lo que piensa, pero por supuesto el miedo es superior al deber y uno sigue caminando hacia el torbellino de aires turbios en el que debe hundirse para cruzar Constituyentes y aparecer fumigada pero invicta sobre los adoquines del parque. Al verlo solitario y hermoso en mitad del caos, uno apresura el paso para llegar pronto a su corazón de pájaros y ardillas. Sólo ahí podría cualquiera atreverse a llorar sin remilgos la secreta vergüenza de haber amanecido con miedo. Pero no.

—Si yo era una mujer valiente —se dice uno—. Qué tal cuando salía de trabajar a las diez de la noche de una oficina en Bucareli. Tenía veinte años y le pedía aventón a cualquier desconocido que fuera por Insurgentes. No sentía miedo entonces. Escribía artículos en los periódicos segura de que lo que opinaba era correcto. Me equivocaba un día sí y otro también pero no tenía miedo. ¿Qué tal si el Sida ya existía en aquellos tiempos de rosas que ya no recordamos? No tenía miedo entonces.

¿Y ahora de qué tiene uno miedo? ¿Del dolor y la muerte ineluctables? No. Esos son los grandes temas, para esos está uno educado. Para ser valientes cuando hay que serlo estamos educados. Lo difícil es dar con el valor de todos los días. Perder el miedo a que se contagien los niños de paperas, a las arrugas junto a la boca, a las preguntas necias, a la propia ignorancia, al trabajo, a las fotos, al desamor. Perder el miedo al supermercado, a las imágenes de la Guerra de las Galaxias, a las librerías, a las multitudes, a los amigos sabios, a las discusiones políticas, a la Calzada Zaragoza, a la verdad, a las mentiras necesarias, al dentista, al cansancio, a la pasión, al teléfono, a la culpa. Perder el miedo a los recuerdos, a los jueces internos, al futuro inasible y vertiginoso, a Nueva York.

Tan mágico Nueva York en las películas de Woody Allen, tan atractivo y luminoso en la memoria de nuestros amigos los viajados, tan impredecible y amenazante cuando llena tres meses de la agenda como una aterradora promesa que hemos aceptado cumplir.

Todo el mundo dice que uno debe estar feliz, que cómo puede reprocharle al destino tanta generosidad, que vivir en Nueva York es la más deslumbrante de las experiencias, que no hay deseo ni fantasía que la ciudad aquella no te cumpla. Y uno los oye desde su pánico a dejar este país más de ocho días y piensa que no resistirá la dicha prometida, que morirá abrumada por los conciertos y las comedias musicales, por el más brillante curso de literatura, por su inglés cada día más tropezado, por las calles a las que no baja el sol, por los taxistas, los elevadores y la Estatua de la Libertad. Uno les teme a las tiendas y a las cocinas llenas de botones y faltas de personas, les teme a las lavanderías y a las planchas, teme dejar a sus amigas y que el mar cambie de sitio si lo descuida. Teme gastar sus escasos destellos intentando querer gente nueva, como si a los cuarenta años no le sobrara gente a la cual querer. Uno no es internacional, no quiere serlo. Por primera vez no quiere ver otras cosas, no es ávida, le basta su propio ruido, su devastadora capacidad para desear todo lo que ya tiene y nada más. ¿Qué tendrá de malo estar satisfecha? Por una vez, por una rara vez uno no quiere más de lo que tiene y entonces queda como una malagradecida, una pobre diabla sin ambiciones, empeñada en cerrar los avatares de su destino antes de tiempo. Vieja miedosa.

—Vieja fodonga, levántese del pasto y deje de regodearse con el sol de las diez de la mañana —parece decir la mirada de un jardinero que limpia a mi alrededor.

Tiene razón, más vale que uno vuelva a su casa y enfrente a la fotógrafa que lleva cincuenta y cinco minutos esperando una risa y se encuentra con mi cara despintada y mi boca que antes de saludarla sigue canturreando: "*If you can make it here/you'll make it anywhere/it's up to you mu jn mu jn*". Nada más eso le faltaba a uno, por qué ser menos que José José, hay que medirse con los grandes, hay que cantarle a Nueva York y ponerle una sonrisa a la fotógrafa.

—¿Estabas deprimida el día en que te tomaron estas fotos? —preguntó el señor de la casa cuando la gringuita me mandó los contactos.

—No —dije—. Tenía sueño. —Y me senté a contemplar las muestras de la depresión. —En efecto, tenía mala cara esa mañana —me confesé mientras iba mirando las fotos del cartón apretujado de gestos en el que la fotógrafa marcó dos cruces cerca de los menos sombríos.

Era domingo y José Ramón Fernández tenía la voz de la tele por la que cruzaban los jugadores del Puebla que sólo fueron capaces de empatar en su propia casa. Opinaban los comentaristas que habían estado mal, pero también estuvieron mal los del América y se equivocaron los de quién sabe dónde.—Pobres cuates—pensé haciendo uso de lo que Luis Miguel Aguilar llama la proclividad nacional a estar con los perdedores. Cuando las tablas de puntuación desaparecieron de la pantalla los interesados en José Ramón Fernández y sus opiniones se fueron de la tele y la dejaron prendida frente a mí que aún tenía entre manos las fotos de mirada perdida y la mirada perdida.

Entonces aparecieron los toreros. Los toreros convocando a mi abuelo que se cortó la coleta a los setenta y cinco años frente a un novillo perdido pero fiero en medio de una fiesta vertiginosa y alebrestada. A mi abuelo que hablaba de Armillita como el único Dios en que podía creerse. Aparecieron los toreros con su peste a tabaco y claveles venida del pasado, con las tardes de abril sobre mi cabeza de once años, con sus gritos de guerra y su locura. Aparecieron los toreros tan ridículos, tan arcaicos, tan absurdos. Hablándole a un toro para que se les acerque, arrimándose a una bestia que sangra con el único fin de hacerla cruzar por su capote. ¡Y qué placer mirarlos! ¡Qué encanto sus cuerpos inapelables frente a la indecisa contemplación del que puede matarlos!

El valor de los toreros es un valor de farmacia y notaría, de riesgo y muerte. Nada tiene que ver con el esfuerzo de quienes viven desafiando miedos menores. Sin embargo, es tan innecesario, tan estúpidamente virtuoso que conmueve. Y de pronto uno está sonriendo con aquel hombre que palmea a un toro burriciego, llamándolo como si en vez de la muerte significara la vida. Y uno por fin pasa de la sonrisa al llanto cuando ve al animal decidirse por el trapo en vez de por el hombre.

—Qué suerte de tipo —dije como si la vida que había estado en riesgo hubiera sido la mía.

—No fue suerte, muchacha —oí decir a mi abuelo desde quién sabe dónde—. El tipo estaba bien plantado. Y eso fue lo importante. El toro puede no saber qué quiere, pero el torero no puede darse esos lujos. Es igual con la vida. Uno nunca sabe qué va a querer la vida. Lo que tiene uno que saber es plantarse. Si corres te agarra entre los cuernos.

—Muy bien, abuelo —dice uno con el nudo en el estómago desatado por fin—. Iré a Nueva York.

—¿Con quién hablas?—pregunta el señor de la casa acercándose otra vez por el rumbo de la tele.

—Con los toreros—respondo.

—No me digas, ¿y de qué? —pregunta viendo al cielo como si lo invitara a comprobar su tesis de que mi ventanita al norte cada vez es más grande.

—De Nueva York.

—¿Otra vez vas a empezar con Nueva York?—pregunta el pobre previendo un melodrama.

—No —respondo—. Ya acabé con Nueva York. Ya podemos irnos cuando quieras. Total, como diría la tía Verónica, "lo que pasa conviene". Y hay que acudir al capote.

Fe y quimera

¿Puede una mujer de setenta años, dedicada a cultivar las flores que crecen en torno a lo que será su tumba, atraer hacia su cuerpo y sus deseos a un muchacho de veinticuatro?

¿Puede un hombre tocar una piedra y hacer que brote el agua en mitad del desierto?

¿Puede una joven caminar sobre la nieve cargando a un hombre, sólo para evitar que alguien encuentre las huellas de su amante saliendo de su recámara?

¿Puede una madre comerse a su hija para protegerla del acoso de un dios y hacer que en su lugar crezca un laurel?

¿Permite una esposa que su marido rescatado por una infiel durante las cruzadas se case también con ella y viva con las dos en paz bajo el mismo techo?

No creeríamos nunca cosas así si alguien nos las platicara; sin embargo, se las creemos a los escritores.

Cualquier cosa nos resulta creíble cuando pasa por el tamiz de la literatura. La literatura que es falsedad y mentira en su origen mismo, la literatura que camina por lo fantástico, que ambiciona lo inaccesible, que nos ofrece como cierto lo increíble, lo mágico, lo inusitado, es muchas veces lo que más hemos creído en nuestras vidas.

¿Por qué? Porque la literatura es un conjunto de mentiras bien contadas. Porque nada es más cierto que lo que se nos ofrece como una quimera que fue posible. Porque a los hombres y mujeres nos atrae la quimera como ningún discurso.

En cierto modo los políticos, los periodistas, los líderes, son escritores. Es decir, ofrecen quimeras. Y como los escritores, entre más hábiles son para contar, y entre más atractiva su quimera, más creíbles y cercanas resultan sus historias.

Sólo que los escritores no pretenden en primera instancia ser líderes. Mienten para hacer felices a otros, para reconstruir la realidad, para convertirla en algo menos inasible y ruin de lo que es. Pero no para que otros los sigan y obedezcan, no para pretender ordenar el mundo sino para registrar el modo en que otros lo padecen y gozan.

Sin embargo, nunca nos ha bastado con las quimeras que inventa la imaginación de los escritores para vivir en paz. Los seres humanos soñamos desde siempre con la posibilidad de tocar las quimeras, por eso escuchamos y necesitamos las de los políticos, los líderes de opinión, los articulistas y otros forjadores de quimeras, gente a la que no sólo es necesario creerle sino a la que se busca seguir y obedecer. Gente a la que hacemos dueña de la verdad, gente a la que entregamos sin muchos regateos el derecho a certificar, negar o regatear la credibilidad de otros.

Tenemos una invencible necesidad de líderes, misma que está ligada a nuestra eterna necesidad de encontrar verdades absolutas. Yo creo, por desgracia, que tales verdades no existen, como tampoco existen los remedios infalibles, las soluciones perfectas, la vida eterna o la fuente de la juventud. Existe el término medio, la felicidad como un destello que va y viene, el amor que nos hace dioses por un rato, las dudas como alfileres diarios, la certidumbre de que amanece y anochece, el hambre de otros como un insulto que hemos aprendido a no escuchar, la historia como una aventura que no se acaba en nosotros, la pena y el orgullo de ser estrellas que brillan y se apagan en un cosmos indiferente pero bellísimo.

Muchas veces me pregunto por qué nuestra necesidad de absoluto no se busca quimeras menos inofensivas que perseguir los discursos y las guerras de quienes buscan la credibilidad a fuerza de negárselas a otros.

Lo deseable sería que la gente creíble fuera aquella que no se siente dueña de la verdad absoluta, gente que puede cambiar de opinión, gente vulnerable, con defectos públicos, con debilidades, gente capaz de reconocer sus errores. Gente que no tiene respuestas para todo, que duda en las mañanas y tiembla algunas noches. Pero todavía sucede que encontramos a los líderes y tendemos a regalarles la etiqueta de creíbles a quienes afirman que sus quimeras no son tales, que siguiendo su lista de consejos llegaremos al cielo.

Sin embargo, empiezan a pesar los que reconocen y confían en quienes no saben dónde está la verdad, ni cómo se cultivan los buenos propósitos, ni si sólo son hermosos los flacos, guapos los ricos, inteligentes los intelectuales, sabios los viejos, tontas las mujeres, poderosos los que ordenan en vez de convencer.

Antes, la credibilidad se llamaba confianza o fe. Supongo que por motivos de imagen desgastada ha cambiado de nombre, igual que se han convertido en panificadoras las panaderías y en tortilladoras las tortillerías. Pero la gente aún acude a los nuevos nombres en busca de pan y tortillas. Lo mismo que quienes acuden a la credibilidad lo que buscan es gente en la que confiar y a la cual creerle.

Esa gente tendrá poco a poco que ser distinta de la gente a la que antes se le entregaba la confianza, porque igual que se han desprestigiado los dictadores, los hombres a los que se otorga la credibilidad de una vez y para siempre, en el mundo por venir la gente va a creer cada día menos en una verdad absoluta, en las órdenes como un enigma, en los acuerdos llenos de certezas y faltos de consultas.

Y quienes busquen tener credibilidad tendrán que ser en poco tiempo gente mucho más flexible, más dispuesta a adaptarse y entender, más hábil para delegar y hacer sentir a los otros que participa de sus dudas, sus pasiones, sus miedos, su fervor, sus ambiciones.

Como tantos otros desencantados, yo pertenezco a quienes creen en cosas más triviales y cercanas que la salvación eterna, la democracia perfecta, el amor sin reproches, los padres ejemplares, la justicia universal, la voluntad de Dios expresada en cada una de mis desgracias o fortunas. Yo creo como algunos otros que han perdido la fe en el absoluto y sus quimeras en cosas de las que no se habla en los periódicos y sobre las cuales no hacen discursos los políticos.

Creo, por ejemplo, en la sopa del mediodía
creo en la acción piadosa de una aspirina en las mañanas
creo en el fleco de mi hija Catalina
creo en las mochilas vacías con que mi hijo Mateo me prueba
    que no le dejaron tarea
creo en los hombres que no saben vestirse
creo en los discos compactos
creo en el futuro
creo en las tarjetas de crédito
creo en el lenguaje de mi computadora
creo en el mar y en los poderes del sol
creo en los amores extemporáneos
creo en las mentiras de Gabriel García Márquez y en los
    tristísimos poemas de Jaime Sabines
creo en la complicidad imprescindible de los muertos
creo en el agua
creo en el olor de las papelerías
creo en el deber de llorar cuando es necesario
creo en la gente que sabe estarse quieta
creo que existió la lámpara de Aladino y que los Santos
    Reyes llegan a veces a mitad del año
creo en la precaución de Luis Cardoza y Aragón, que a
    los casi noventa años no regresó a Guatemala porque no

quería morirse antes de tiempo
creo en la prepotente audacia de los jóvenes
creo en todo lo que recuerdan los viejos
creo en los pianos
creo que en efecto un diamante es para siempre
creo que no hay por quién votar
creo en los que votan, febriles y esperanzados
no creo que el PRI pierda siempre las elecciones
tampoco creo que las gana siempre
creo en el consuelo de entrar a un video club y en la música
    de Agustín Lara
creo en los sobres de colores
creo que sobreviviremos a la contaminación
creo que México es un país de expertos en la sobrevivencia
creo en los muros de Ricardo Legorreta
creo en los hoteles de cinco estrellas y en la casa de mi
    madre junto al río
creo en la prisa de Verónica
creo en el jugo de zanahoria y en los chocolates amargos
creo que nadie debe sentirse depositario de la credibilidad
creo en el hombre que vende los quesos en el Superama
creo en los amuletos que uno inventa
creo que me concierne el hambre y la ignorancia de otros
creo que no actúo en consecuencia
creo que no lograría demasiado actuando en consecuencia
creo en las palabras, en la sintaxis, en mi médico que no
    sabe hacer dinero, en mi hermano que no sabe dar pleitos
creo en los recuerdos como luces de bengala
creo que vivo en esta ciudad porque la quiero
creo que no maldigo suficiente este amor
creo en la credibilidad de mis amigas que no son famosas
creo en los aviones, en los barcos, en los veleros, en las
    canoas y en todo lo que nos lleva a otra parte
creo en lo que se mueve y en lo que no sabe hablar
creo en el destino
creo en los que saben trastornar su destino.

Personajes

Algunos personajes de la literatura y el cine acompañan mi vida como si desde siempre fueran mis amigos. Pero el ir y venir de las cosas y el destino, mil veces me hubiera resultado intolerable sin la existencia de los personajes que esta novela por la que cursa nuestra diaria sorpresa, me ha regalado.

A veces los escritores son todavía mejores personajes que los hombres y mujeres a los que inventan o recrean. No sé cuál personaje de Isak Dinesen me parece más atractivo, lo que sí sé es que ella con su fascinación por el mundo, con su incansable capacidad para empezar de nuevo, con su larga vida audaz, es su mejor personaje.

Pienso con frecuencia en Ursula Buendía, en los cientos de veces que resurge de entre los escombros olvidados por la muerte, y creo que Gabriel García Márquez escribiendo y escribiendo como si no le pesara lo que ha escrito, tiene una fortaleza superior.

Renato Leduc se dedicó con tal ímpetu a enloquecer a sus contemporáneos, a sacar de sus casillas al orden y las buenas maneras, que siempre nos hace volver al recuerdo de su voz y sus manos ardientes como una compañía aún más imprescindible que su literatura.

Mi abuelo materno no escribió ningún libro, sin embargo, sus nietos encontramos asilo en el recuento de sus máximas y sus encantos.

Los pianos de Agustín Lara y Bola de Nieve nos hablan en las noches de pena, y no hay congoja que no encuentre consuelo en las implacables voces de la Toña Peregrino y Ella Fitzgerald.

Nuestra noción del amor imposible sería distinta sin Ingrid Bergman y Humphrey Bogart abandonándose en *Casablanca,* y no sé qué haríamos algunas tardes si el generoso Jaime Sabines no nos cobijara con sus palabras.

Tuve un tío que al final de su vida construía veleros, como si arrastrándose sobre el agua pudiera conciliar la intensidad de sus treinta vocaciones en permanente litigio. Me llevaba a ver el sol sobre las rojizas aguas del Rincón Brujo, y la única vez que naufragamos se aseguró de que yo pudiera asirme al casco alrevesado de nuestra nave, luego se hundió con sus setenta años bajo las aguas heladas de Valsequillo, persiguiendo su frasco de Nescafé lleno con un brebaje de ron Batey, limones y Pepsi Cola, gracias al cual recuperó la fortaleza de sus brazos y pudo enderezar la embarcación como si fuera un adolescente. Cada vez que mi alrevesado interior naufraga, recuerdo aquella escena y dejo de temerle al agua fría y a las azarosas consecuencias de navegarla.

Si Stendhal no hubiera sido el incansable y ávido viajero que quiso ser, si su vida hubiera transcurrido tras un escritorio y cerca de las abrigadoras faldas de una sola mujer, quizá sus personajes literarios lo superarían, pero ninguno de sus personajes nos dejó una narración tan atractiva de sus más urgentes necesidades, como la descrita por Stendhal en uno de sus diarios de viaje. Cuenta ahí las bellezas de un pueblo italiano y la hermosura devastadora de sus mujeres jóvenes, luego lamenta que su estado de salud y sus pobrezas no le permitan más prospecto que un par de solteronas viejas a las que les faltan los dientes, huelen mal y están a punto de cumplir 35 años. Julián Sorel no tuvo nunca una carencia de tal magnitud ni despertó en nosotros tanta piedad como el Stendhal de esas páginas.

¿Y Flaubert? Acongojado por cada palabra, matándose en su despiadado encierro, inteligentísimo y solitario, ¿no es más triste y más compañero que su Madame Bovary?

No sé. Intentar el recuento de nuestros personajes favoritos es un juego arbitrario y desleal. Ahora mencionaré algunos, mañana estaré pensando en otros.

No siempre son mejores personajes los escritores que sus creaciones. Hay escritores de cuyas vidas sería mejor no saber nada, creadores de seres que nos han sido entrañables a los que no se nos antoja tratar ni haber tratado jamás. Sin embargo, ¿quién no extraña el sabio silencio de Juan Rulfo por más que hable Pedro Páramo? ¿Quién no echa de menos a Ibargüengoitia a pesar de la extraordinaria viveza de su cura Hidalgo? ¿Quién no cambiaría una película de Buñuel por una conversación con su incandescencia?

¿Sólo los inventados y los muertos son personajes inolvidables? Los seres excepcionales que van cruzando nuestra vida se vuelven personajes cuando la muerte los hace inaccesibles. Porque sólo son personajes aquellos a quienes deseamos mantener a salvo del olvido.

Hay tantos seres a los que no quiero olvidar nunca: mi padre con su brazo extendido enseñándome el horizonte, Alicia Guzmán, Carlos Pereyra y Teresa Priesca muriéndose de cáncer sin escupirle a su destino. Ignacio Cardenal y Cinthia Couttolenc acribillados por el azar y la desesperanza después de marcarnos con el enigma de su generosidad, mi abuela con sus ojos de mar.

Nuestros personajes son un guiño del pasado, por cuenta de ellos vimos caer Tenochtitlán y nos asomamos a la guerra de Independencia, salimos al balcón en mitad de una balacera, nos enamoramos de nuestro bisabuelo, cantamos hasta el amanecer con Lucha Reyes, nos emborrachamos en una cantina de

Chihuahua y aún nos arde en la frente el disparo que mató a una mujer hace dos siglos.

Todos nuestros personajes nos apuntalan, nos mueven, nos mantienen vivos, nos quitan el terror a la muerte. No puede ser tan terrible ni tan fatal lo que ya les ha sucedido a quienes tanto recordamos. Tal vez no desapareceremos de repente, algunas de nuestras manías serán cómplices de otros, alguien oirá nuestra voz como un noble acertijo en mitad de un dolor. La vida no se cerrará sobre nosotros mientras haya quien nos evoque de vez en cuando.

No hay que ser genio, ni héroe, ni poeta para ser personaje, hay que grabarse en el corazón y las ausencias de otros, hay que hacer falta, para lo cual hay quienes han sabido tener genio, poesía y heroísmo. Por eso no importa qué tan conocidos y famosos sean nuestros personajes, sino qué tanto influyen en nuestras decisiones, cobijan nuestros secretos, conmueven y fecundan nuestra memoria.

Guiso feminista

Hay quienes piensan que el feminismo es una corriente ideológica, yo creo que es un instinto. Un instinto que como tantos la humanidad ha escondido entre cortesías y crueldades hasta no dejar en las mujeres sino un recuerdo casual y placentero de algo que alguna vez nos tuvo en armonía.

En busca de tal armonía, las mujeres han sido capaces de inventar bordados preciosos, de coser tras los balcones como si algo mejor que sus tardes iguales cupiera en el infinito que se asomaba entre las rejas. Las mujeres ataron sus deseos a los pianos y los acariciaron durante noches largas como días. Las mujeres cultivaron jardines, jugaron a la moda y al casamiento, se enamoraron del mar y sus prohibiciones, se desenamoraron de la inmensa playa, cuidaron a los enfermos, idearon paños y cataplasmas, parieron muchos niños y pastorearon muchos viejos, pero sobre todo cocinaron.

Si se pudiera juntar toda la creatividad y la energía que las mujeres han puesto en la cocina para emplearla, por ejemplo, en conquistar el espacio, hace tiempo que podríamos pasar los fines de semana en Marte. Pero qué imprecisa y cuánto más penosa hubiera sido la vida si le quitáramos el tiempo que han pasado las mujeres en la cocina.

Tanto han cocinado las mujeres que no siempre estoy segura de qué fue primero, si el instinto feminista o el culinario. Lo que sí sé es que la combinación de ambos puede ser fatal.

Una tarde esta escribiente preparaba café para el señor de la casa y un amigo suyo que en su anterior encarnación fue intelectual vienés. Mientras los oía conversar sentados en la sala como los niños que aún son, tuve a bien preguntarme con disgusto por qué siempre tenía que ser yo la que preparaba el café, por qué no teníamos turnos, por qué a ellos nunca se les ocurría que preparar el café no era una labor tan atractiva como para que siempre tuvieran la amabilidad de permitir que yo la hiciera.

Estaba yo sintiéndome la mismísima revista *Fem* cuando la respuesta me llegó con el chorro de café que debía ir a una taza, debidamente colocado sobre mi brazo. Grité, maldije, corrí a la sala como a un hospital, y los intelectuales convertidos en médicos no encontraron mejor método de salvación que echarme encima un chorro de crema Nivea que empezó a hervir al contacto con mi piel ardiendo.

Han pasado trece años desde aquella tarde y aún tengo en el brazo la cicatriz que obtuve por andar queriendo levantarme contra la bien instituida costumbre de que las mujeres hagan el café y cualquier otra de las cosas que se hacen en la cocina. Aunque detesto exhibir mi cobardía, viene al caso decir que desde entonces, cada vez que un mal pensamiento me ataca en la cocina o sus alrededores, lo empujo hasta mi estudio donde cualquier tesis o demanda feminista es no sólo aceptada sino bien acogida. Fuera de él y de las largas sobremesas entre mujeres, la señora de la casa intenta adoptar el nombre de "Marichu".

Marichu es una mujer emprendedora y deberosa que cuando toma el cuerpo de otra mujer la lleva de buen humor a la cocina, a comprar las verduras y la fruta, a escoger el pescado fresco mirándolo a los ojos y urgando la piel bajo sus aletas,

90

a revisar sin horror la carne para que no tenga pellejos, ni esté roja tirando a negro, sino roja tirando a claro.

Marichu jamás pondría como botana un queso picado y unas papitas ruffles, Marichu no repite cada lunes la misma sopa, Marichu sabe guisar costillas de carnero, pescado a la Morenita, ostiones Bienville, pechugas la Tosca, tortolitas a la Richelieu, ensalada del abate Constantino, frituras de naranja con hojas de menta, duraznos a la aranjuez y fresas *mailmaison*.

Marichu sabe como ninguna que hay algo en un buen café que está gritando a las claras que una ama de casa conoce lo que trae entre las manos, pues el café no sale exquisito por casualidad como creen algunas señoras. Tiene que ser de buena calidad y estar bien hecho para ser el café que haga exclamar a los invitados al oído de sus esposas: "Querida, ¿por qué no tenemos café así en nuestra casa?".

Marichu es un encanto que algunas feministas quemarían en leña verde, entre cosas porque tampoco resuelve del todo los problemas domésticos. Eso lo saben las mujeres por cuyos cuerpos ha cruzado Marichu, las consecuencias de su paso no siempre son las mejores. De repente una mañana que en principio iba a dedicarse a estudiar neurofarmacología o administración o ciencia política, las invade la sensación de que en su casa no se come como es debido y de que chueco o derecho éso tiene que ver con ellas. Entonces abandonan los prácticos y generosos cuadernos de cocina que alguna vez publicó el IS-SSTE y que de tantos problemas las han sacado, y se entregan al estudio de los libros de cocina que les han ido regalando sus madres, sus tías, Andrés León, el bazar de Mayorazgo y hasta ellas mismas. Pasan una hora cambiando la habitual sopa de fideo por una sopa de sesos y alcachofa, tragan la repugnancia que les provoca leer: *los sesos se limpian muy bien quitando la sangre y la membrana bajo la llave del agua fría.* Luego deciden que basta de bisteces empanizados y cambian a zarzuela de pescado y mariscos a la Nevada Palace. Al arroz blanco se deciden ponerle azafrán y la lechuga orejona se cambia por unos espárragos *frolité*. Para terminar, se guardan los duraznos en almíbar y se prepara una complicada tartaleta de dátil y malvaviscos. Acto seguido se procede a caer en la cocina tarareando "Estrellita".

Toda mujer que pasa por este proceso está siendo tomada por Marichu y le esperan las emociones más bárbaras. Porque casi al mismo tiempo en que una mujer se convierte en Marichu, su cónyuge, marido, esposo, compañero o como quiera que la moda llame al señor de la casa, es tomado por el impredecible Pepón.

Pepón es un hombre de apariencia sosegada y alma turbulenta que les gruñe a los perros falderos, que quiere caldo de frijoles cuando hay sopa de almejas y sopa de hongos cuando hay de habas. Pepón le teme a los experimentos culinarios, desconfía del instinto femenino, indaga el estado de los manteles, pregunta por una colección de copas que se rompió en el primer año de vida en común, nunca encuentra lo que busca en el refrigerador y cambia la obsesión de los maridos por la política y sus oficinas por una trémula preocupación por el modo en que se ordenan y deciden las cosas del hogar. Sobra decir que es una calamidad. Pero de seguro es apenas y lo que Marichu se merece. El marido de la original Marichu nunca pudo llamarse más que Pepón.

Cuando la mujer que abandona su libro científico para entrar a la cocina tiene lista la comida del día en que la poseyó Marichu, el señor de su casa entra olfateando de manera extraña y en lugar de prender la televisión y no saludar a los niños, le baja el volumen a la música y amonesta a los niños por haber enchuecado la nueva litera. Luego los carga y les da vueltas mientras camina hacia la proverbial Marichu y su eficaz mirada de felicítame. Por supuesto que no la felicita, pregunta qué huele raro y avisa que invitó a comer a cuatro amigos. La mujer tomada por Marichu intenta torcer la boca pero Marichu le hace extender una sonrisa beatífica. Entonces pone cuatro cubiertos más y espera que los amigos lleguen, beban sus aperitivos, coman sus entremeses y pasen a probar la sopa de sesos que salió muy abundante. Cuando todo esto ha sucedido, Pepón pregunta haciendo un puchero ¿de qué es la sopa? Marichu le responde orgullosa y Pepón le recuerda cuánto detesta las alcachofas. Desencantos como éste cruzan por la pareja platillo a platillo hasta llegar a la tarta de dátiles. Cuando la enfrenta, Pepón no puede más y estalla en una colección de frases inconexas.

Sólo entonces Marichu recuerda la tarde de pasión en que tiró a la basura una hermosa cesta con dátiles sonorenses regalo de un pretendiente sumiso, para demostrarle a Peponcito la unicidad de su afecto. Hasta entonces, porque así son los recovecos de su alma enmudecida, se da cuenta de que una cosa era Pepón y otra los dátiles, y de que a ella le fascinan los dátiles.

—Pues los dátiles son una delicia y si no te lo parece será porque tu paladar es ignorante y cobarde —dice la señora de la casa horrorizando a los cuatro amigos con un comportamiento tan poco apropiado.

—¿Y Marichu? —se dice la mujer mirando a Pepón reírse del otro lado de la mesa—. Se fue Marichu.

—Eres loca —dice el señor de la casa—. Tú que no comes ni carne acusas a mi paladar de cobarde. Te apuesto a que hay duraznos en almíbar.

—Hay duraznos en almíbar, marca Hérdez y marca La Torre, con hueso y sin hueso, ¿de cuáles quieres?

—De los que tú quieras mi vida, preciosa, teórica maravillosa.

¿Y Pepón? Se fue Pepón. Siempre que Marichu desaparece, Pepón se va también a otra casa porque sabe muy bien los peligros que correría quedándose a perturbar las costumbres y los guisos con los que la científica lo cobija a diario. Pepón se va y en su lugar deja a un señor al lado del cual la vida con sus trabajos y deliberaciones, su generosidad y su inclemencia, parece menos ardua.

Máximas y decires de algunas mujeres con los ojos grandes

Los que se enamoran y los que emprenden nunca quedan bien.

Tía Georgina

*   *   *

Yo no quiero la gloria ni la paz, a mí sólo me toca la magia.

Tía Leonor

*   *   *

Todo menos desgobernar la máquina de las pasiones, con esa es mejor no meterse.

Tía Verónica

*   *   *

A veces de tanto pensar me duelen las uñas.

Tía Magdalena

*   *   *

¿Cómo voy a saber a qué restorán ir? Si no sé qué hacer con mi destino, menos voy a saber qué quiero cenar.

Tía Elena

*   *   *

No hay mejor cura que un rato de conversación.

Tía Elisa

*   *   *

Todo amor es eterno mientras dura.

Tía Clemencia

*   *   *

Armonía, qué concepto imposible.

Tía Pati

*   *   *

Me llaman inconstante, qué más quisiera yo: ser inconstante como la luz. Diversa como las tardes de placer y las de pena. Mutable como los deseos, incierta como los abrazos, altanera y fugaz como la vida. Y no soy inconstante, qué más quisiera yo.

Del cuaderno de la tía Natalia

*   *   *

La costumbre es enemiga de la inteligencia: *Tía Verónica.*
Y la inteligencia es enemiga de todo lo demás: *Su hermana.*

*   *   *

El amor para toda la vida se inventó cuando el promedio de vida eran treinta años. Ahora que es de setenta, ¿qué se hace con los otros cuarenta?

Tía Isabel

*   *   *

Si yo encontrara un alma como la mía, con toda certidumbre me aburriría.

Cantaba la tía Toñita

*   *   *

¿Estás muy triste? Cansa el cuerpo, mija, cansa el cuerpo y te alivias.

Tía Mónica

*   *   *

No hay que analizar, comadre, no hay que analizar. Cuando ve uno venir el problema: rebanada de pay de manzana, bola de helado de vainilla y al olvido.

Tía Sara

*   *   *

Quizá del aplomo inescrutable con que creía saberlo todo a los quince años, se derive mi actual vocación por lo incierto.

Tía Amanda

*   *   *

La curva del desencanto hay que recorrerla entera.

Tía Daniela

*   *   *

El matrimonio empieza donde se acaban las pasiones. Justo ahí donde deben acabarse los noviazgos extraconyugales.

Tía Meli

*   *   *

Entre los que no entienden hay dos grupos: los que simplemente no entienden, y los que no entienden que no entienden. Hay que cuidarse de estos últimos.

Tía Lola

*   *   *

Por un lado no dejas de sorprenderte y por otro ya te lo sabes casi todo.

Tía Conchis

* * *

Para los valets no hay grandes hombres. Para mi cocinera siempre seré una inútil.

Tía Rosa

* * *

Algunas creen que para tener un hombre hay que seguirlo a pie y sin protestar. Su Dios las bendiga.

Tía Elo

* * *

Dicen que recordar es mentir. ¿Será por mentirosa que recuerdo tanto?

Tía Cristina

* * *

En México hay dos congregaciones: la de las hijas de María y la de las hijas de la Chingada. Con ninguna de las dos me siento a comer.

Tía Marisol

* * *

¿En paz? ¿Con qué derecho algo en mi cuerpo ha de consumirse en paz?

Tía Liliana

* * *

Tara tira tira tan tan... las caricias soñadas son las mejores.

Canta la tía Eugenia

* * *

Uno se enamora antes de los defectos que de las cualidades. Pero eso es lógico.

Tía Nicol

*   *   *

¿Qué hago conmigo a media noche? ¿A dónde me escondo de mí?

Tía Mariana

*   *   *

Era tibia la vida y el viento no corría por aquel territorio de mentiras y miedo. Sucedió entonces que una mujer tembló. Por su cuerpo de piedra bajaron los conejos y su mueca de siglos se deshizo en la noche.

Cada cual en cada uno se fue después al cielo, y nadie los ha visto regresar a morirse.

Eran distintos ellos, tan distintos de todo que parecían iguales.

Del cuaderno de tía Fátima

"La mujer es un misterio"

Hay una estampa que guarda el más importante archivo fotográfico de la Revolución Mexicana, por la que camina hacia cualquier batalla un grupo de revolucionarios montados a caballo. Altivos y solemnes, con sus dobles cananas cruzándoles el pecho y sus imponentes sombreros cubriéndoles la luz que les ciega los ojos y se los esconde al fotógrafo, parece como si todos llevaran una venda negra a través de la cual creen saber a dónde van.

Junto a ellos caminan sus mujeres, cargadas con canastas y trapos, parque y rebozos. Menos ensombrecidas que los hombres, marchan sin reticencia a su mismo destino: los acompañan y los llevan, los cobijan y los cargan, los apacientan y los padecen.

Muchas veces las mujeres mexicanas de hoy vemos esa foto con la piedad avergonzada de quien está en otro lado, pero muchas otras tenemos la certidumbre de ser como esas mujeres. De que seguimos caminando tras los hombres y sus ciegos proyectos con una docilidad que nos lastima y empequeñece. Sin embargo, hemos de aceptar que las cosas no son del todo iguales. Creo que con la prisa y la fiebre con que nos ha tocado participar, padecer y gozar estos cambios, ni siquiera sabemos cuánto han cambiado algunas ideas y muchos comportamientos.

Muchas de las mujeres que viven en las ciudades trabajan cada vez más fuera de sus casas, dejan de necesitar que un hombre las mantenga, se bastan a sí mismas, se entregan con pasión y con éxito a la política y al arte, a las finanzas o la medicina. Viajan, hacen el amor sin remilgos y sin pedirle permiso a nadie, se mezclan con los hombres en las cantinas a las que antes tenían prohibida la entrada, deambulan por la calle a cualquier hora de la noche sin necesidad de perro, guardián o marido que las proteja, no temen vivir solas, controlan sus embarazos, cuidan y gustan de sus cuerpos, usan la ropa y los peinados que se les antojan, piden con más fuerza que vergüenza la ayuda de sus parejas en el cuidado de los hijos, se divorcian, vuelven a enamorarse, leen y discuten con más avidez que los hombres, conversan y dirimen con una libertad de imaginación y lengua que hubiera sido el sueño dorado de sus abuelas.

Estamos viviendo de una manera que muchas de nosotras ni siquiera hubiéramos podido soñar hace veinticinco años. Comparo por ejemplo el modo en que las mujeres de mi generación cumplíamos quince años, y el modo en que los cumplen nuestras hijas.

Algunas de las mujeres jóvenes que viven en el campo también han empezado a buscarse vidas distintas de las que les depararía el yugo que nuestros campesinos tienen sobre sus mujeres, mil veces como la consecuencia feroz del yugo y la ignorancia que nuestra sociedad aún no ha podido evitarles tampoco a los hombres del campo.

Muchas de ellas son capaces de emigrar sin más compañía que su imaginación, y llegan a las ciudades con la esperanza como un fuego interno y el miedo escondido bajo los zapatos que abandonan con su primer salario. Son mujeres casi siempre muy jóvenes que están dispuestas a trabajar en cualquier sitio donde estén a salvo de la autoridad patriarcal y sus arbitrariedades. Mujeres hartas de moler el maíz y hacer las tortillas, parir los hijos hasta desgastarse y convivir con golpes y malos tratos a cambio de nada.

Mujeres que desean tan poco, que se alegran con la libertad para pasearse los domingos en la Alameda y las tardes de abril por las banquetas más cercanas a su trabajo. Mujeres que andan buscando un novio menos bruto que los del pueblo, uno que no les pegue cuando paren niña en vez de niño, que les cante una canción de Juan Gabriel y les diga mentiras por la ventana antes de violentarlas sin hablar más y hacerles un hijo a los quince años.

En muchas mujeres estas nuevas maneras de comportarse tienen detrás la reflexión y la voluntad de vivir y convivir fuera de lo que hizo famoso a México por el alarde de sus machos y la docilidad de sus hembras. Entre otras cosas porque alguna de esta fama era injusta. Yo creo que mujeres briosas y valientes han existido siempre en nuestro país, sólo que hace medio siglo parte del valor consistía más que en la rebelión en la paciencia y antes que en la libertad en el deber de cuidar a otros.

Quizá uno de los trabajos más arduos de las mujeres mexicanas ha sido la continua demanda de atención y cuidados que han ejercido sus parejas. Lo que en los últimos tiempos ha hecho a los hombres más vulnerables, porque como son bastante incapaces para manejar lo doméstico, basta con abandonarlos a su suerte cuando se portan mal. Cosa que las mujeres han empezado a hacer con menos culpa y más frecuencia.

Entre más aptas son, entre más acceso tienen a la educación y al trabajo, más libres quedan para querer o detestar a los machos que sus brazos cobijan.

Otra muestra de preponderancia masculina en la vida familiar ha sido —como en otros países, no sólo latinoamericanos sino europeos y norteamericanos— la voluntad de tratar mujeres como animales domésticos a los que puede castigarse con gritos y muchas veces con golpes. Eso también es algo que cambia en nuestro país. Cada vez es mayor el número de mujeres que denuncian las arbitrariedades en su contra y no se quedan a soportarlas como lo hicieron sus antepasadas.

Han transcurrido ochenta años desde el día en que se tomó la foto del archivo y las mujeres mexicanas aún hacen la guerra de sus hombres, aún arrastran y cuidan a sus heridos, aún mantienen a sus borrachos, atestiguan sus borracheras, escuchan sus promesas y rememoran sus mentiras. Pero ya no rigen sus vidas según el trote y la magnificencia de los hombres. Aún lloran sus infidelidades, sosiegan sus fidelidades, pero ya no los despiden y albergan sólo según el antojo de las inescrutables batallas masculinas.

Quizás es este el cambio más significativo: las mujeres actuales tienen sus propias batallas y, cada vez más, hay quienes caminan desatadas, lejos del implacable designio de un ejército formado por hombres ciegos.

Las mujeres mexicanas del fin de siglo ya no quieren ni pueden delegar su destino y sus guerras al imprevisible capricho de los señores, ya ni siquiera gastan las horas en dilucidar si padecen o no una sociedad dominada por el machismo, ellas no pierden el tiempo, porque no quieren perder su guerra audaz y apresurada, porque tienen mucho que andar, porque hace apenas poco que han atisbado la realidad del sueño dormido en la cabeza de la mujer que ilumina una vieja estampa con su cuerpo cargado de canastas y balas: para tener un hombre no es necesario seguirlo a pie y sin replicar.

Suena bien ¿verdad? Sin embargo, llevar a la práctica tal sentencia no siempre resulta fácil, agradable, feliz. Por varios motivos. Entre otros, porque las mujeres que se proponen asumir esta sentencia no fueron educadas para su nuevo destino y les pesa a veces incluso físicamente ir en su busca: se deshicieron de una carga, pero han tomado algunas más arduas, por ejemplo enfrentar todos los días la idea aún generalizada de que las mujeres deben dedicarse a atender su chiquero, a hablar de sí mismas entre sí mismas, para sí mismas, a llorar su dolor y su tormenta en el baño de sus casas, en la iglesia, en el teléfono, a tararear en silencio la canción que les invade el cuerpo como un fuego destinado a consumirse sin deslumbrar a nadie.

Muchas veces esta idea aparece incluso dentro de sus adoloridas cabezas, de su colon irritado, junto con su fiera gastritis cotidiana. O, peor aún, deriva en repentinas depresiones a las que rige la culpa y el desasosiego que produce la falta de asidero en quienes supieron desde niñas que no tendrían sino asideros en la vida.

Sin ánimo de volver a hacernos las mártires, debemos aceptar cuánto pesa buscarse un destino distinto al que se previó para nosotras, litigar, ahora ya ni siquiera frontalmente, dado que los movimientos de liberación femenina han sido aplacados porque se consideran que sus demandas ya fueron satisfechas, con una sociedad que todavía no sabe asumir sin hostilidad y rencores a quienes cambian.

Me preguntaba hace poco un periodista: ¿Por qué a pesar de todo lo logrado, las mujeres hacen sentir que no han conquistado la igualdad? ¿Qué falta?

Falta justamente la igualdad, le respondí. ¿Por qué si un hombre tiene un romance extraconyugal es un afortunado y una mujer en la misma circunstancia es una piruja? ¿El hombre un ser generoso al que le da el corazón para dos fiebres y la mujer una cualquiera que no respeta a su marido? ¿Por qué no nos parece aberrante un hombre de cincuenta años entre las piernas de una adolescente y nos disgusta y repele la idea de una mujer de treinta y cinco con un muchacho de veintiséis? ¿Por qué una mujer de cuarenta y cinco empieza a envejecer y un hombre de cuarenta y cinco está en la edad más interesante de su vida? ¿Por qué detrás de todo gran hombre hay una gran mujer y detrás de una gran mujer casi siempre hay un vacío provocado por el horror de los hombres a que los vean menos? ¿Por qué los esposos de las mujeres jefes de Estado no se hacen cargo de las instituciones dedicadas al cuidado de los niños? ¿Por qué a nadie se le ocurre pedirle al esposo de una funcionaria de alto nivel que se adscriba al voluntariado social? ¿Por qué las mujeres que ni se pintan ni usan zapatos de tacón son consideradas por las propias mujeres como unas viejas fodongas cuando todos los hombres andan en zapatos bajos y de cara lavada sintiéndose muy guapos? ¿Por qué se consideran cualidades masculinas la fuerza y la razón y cualidades femeninas la belleza y la intuición? ¿Por qué si un hombre puede embarazar a tres distintas mujeres por semana y una mujer sólo puede embarazarse una vez cada diez meses, los anticonceptivos están orientados en su mayoría hacia las mujeres?

Y puedo seguir: ¿por qué al hacerse de una profesión las mujeres tienen que actuar como hombres para tener éxito? ¿Por qué los pretextos femeninos —tengo la regla o mi hijo está enfermo, por ejemplo— no pueden ser usados para fallas en el trabajo, y los pretextos masculinos —estoy crudo, perdonen ustedes pero vengo de un tibio lecho, por ejemplo— son siempre aceptados con afecto y complicidad?

¿Por qué la libertad sexual a la que accedimos las mujeres ha tenido que manejarse como la libertad sexual de la que hace siglos disfrutan los hombres? ¿Por qué las mujeres nos pusimos a hacer el amor sin preguntas cuando cada vez seguía latente en nuestros cuerpos la pregunta ¿qué es esta maravilla? Y aceptamos sin más la respuesta que los hombres se dieron tiempo atrás y que a tantos desfalcos los ha conducido: "éste es un misterio, ponte a hacerlo".

Sólo los poetas han querido librarse de usar esta respuesta para responder a las múltiples preguntas que los hombres responden con ella, pero los poetas, como las mujeres, no gozan todavía de mucho prestigio nacional. Prestigio tienen los misterios, no quienes se empeñan en descifrarlos. Y los misterios, como casi todo lo prestigioso, los inventaron los hombres. Con ese prestigio nos han entretenido mucho tiempo. Cuántas veces y desde cuándo nos hemos sentido halagadas al oír la sentencia patria que dice: la mujer es un misterio.

Y ¿por qué no? La virgen de Guadalupe es un misterio, la Coatlicue es un misterio, la muerte es un misterio, la mujer debe ser un misterio y las sociedades sensatas no hurgan en los misterios, sólo los mantienen perfecta y sistemáticamente sitiados como tales. La virgen de Guadalupe en la basílica, la Coatlicue en el Museo de Antropología y ¿las mujeres?

Las mujeres ya no quieren seguir a los hombres a pie y sin replicar. Bueno y vaya, parece que se nos ha dicho. Y nos hemos subido a los caballos y trabajamos el doble y hasta nos hemos puesto al frente de nuestras propias batallas.

Por todo eso, incluso hemos encontrado prestigio y reconocimiento. Sin embargo, aún no desciframos el misterio. Aún no sabemos bien a bien quiénes somos, mucho menos sabemos quiénes y cómo son las otras mujeres mexicanas.

La última tarde que pasé en México, fui a una de las apresuradas compras de zapatos que siempre doy en hacer antes de salir a un viaje. Volvía de una elegante zona comercial encerrada en mi coche que olía bonito, canturreando una canción que cantaba en mi tocacintas la hermosa voz de Guadalupe Pineda.

Estaba contenta. Conmigo, con mis amores, con la idea de viajar, con la vida.

Entonces me detuvo en un semáforo el rostro espantoso de una mujer que pedía limosna mientras cargaba a un niño. Estamos acostumbrados a esos encuentros. Sin embargo, la cara que cayó sobre mí esa tarde era inolvidable de tan fea.

—Debe estar enferma —me dije—. Y no eres tú. Es ella, es otra mujer. Tú eres una mujer que vive en otra parte, eres una escritora, una testigo. No la subas a tu coche, no ensucies tu bien ganada dicha de hoy, no la cargues, déjala en la esquina con su niño moquiento y sus preguntas que tan poco tienen que ver con las tuyas. Y corre a terminar tu conferencia sobre la situación actual de las mujeres mexicanas. Corre a ver si desde tu fortuna tocas algún misterio.

Corrí. Y aquí estoy después de darle vueltas por dos horas, todavía con la certidumbre de que no he tocado el misterio.

Enemigas entrañables

Quizá porque la muerte les envía con frecuencia navajas emparentadas con su guadaña, algunos tienen la esperanza de morir de viejos. Tanto contacto con la familia de tan fatal visitante los ha hecho creer que sabrán cómo tantearla varias veces y que se irán con ella más por cansancio que por sorpresa y más por descomposturas acumuladas que por un súbito revés contra un organismo que ha sido honrosamente sano a lo largo de su vida.

Yo tengo trato irremediable y constante con una mujer que vive segura de pertenecer a este grupo de futuros muertos. Todo porque desde niña tiene unos dolores de cabeza que entonces la forzaban a desatarse las trenzas para ver si librándose de sus ataduras se le iba aquel espanto que latía como un sapo sobre cada uno de sus ojos, todo porque los sapos a veces se multiplican y vuelven a visitarla apretujándose bajo la frente y contra las sienes.

Hay quien llama migrañas a esas visitas, pero ella sabe que quienes las conocen no se atreverían jamás a ponerles nombre, mucho menos a pensar que se merecen uno así de sofisticado.

A los trece años supo ella que los sapos podían saltar por todo su cuerpo, además de latir en su cabeza. Entonces, después de muchas pruebas alguien escribió en un diagnóstico "epilepsia": otro nombre para un diccionario de sonidos extraños. Pero por fortuna a ella le tocó crecer en la segunda mitad del siglo XX, tiempo en que existen comprimidos suficientes como para ahuyentar los brincos de sus sapos y los de casi todos los que reciben descargas eléctricas inesperadas cada vez que su privadísima compañía de luz y fuerza se desordena. Así que hoy está libre como tantos otros de que la gente la crea endemoniada, idiota, incapaz o loca de las que apenas hace muy poco encerraban en los manicomios para en verdad enloquecerlas a fuerza de bañarlas en agua helada un mínimo de tres veces diarias.

Los parientes lejanos de la muerte han espantado a la mujer de quien les hablo disfrazados de torceduras en la espalda, herpes en el hombro, mordidas de tiburón en el colon y otros envíos menores.

Desde hace dos años lo que algunos llamarían su paranoia y otros su hipocondria se le había presentado como vértigo, un mal que proviene de que algo se endereza de más en el oído medio y el equilibrio se descompone al grado no sólo de impedir que la gente camine, sino incluso de impedirle que estando acostada mueva la cabeza de un lado para otro sin sentir que la jalan a uno de los tantos círculos que Dante vio en el infierno y que lo hicieron decir lo que tantos mareados sienten cuando están en el fondo de su vertiginoso círculo: "*io non mori, e non rimasi vivo*".

Hace unas semanas lo que se ha conseguido ésta mi amiga es un dolor de estómago que no le da tregua. Un dolor tan obstinado y celoso de su deber como representante del destino final de nuestros huesos, que ha sacado del cuerpo a todos los otros visitantes. Persistente y audaz, promotor de hinchazones y náuseas, hace que los médicos quieran extirparle la vesícula o envenenar unos parásitos muy trabajadores, cambiarle de profesión a una mujer que tardó veinte años en encontrarla o

110

intuir los recovecos de su vida interior puestos a caminar entre sus intestinos.

En vía de mientras, ella va por el mundo con la clara sensación de que tiene una ballena prendida a su ombligo, misma que a ratos le mordisquea los alrededores del esófago y a ratos le encaja los dientes entre las costillas. Algunas madrugadas la despierta propinándole una serie de golpes bajos que doblan en dos sus afanes y sus prisas.

Para curar su actual desasosiego, mi amiga ha recurrido a todos los medicamentos de utilidad que caben en el *Diccionario de especialidades farmacéuticas (PLM)*, libro que ella considera tan imprescindible para ir por la vida como la sabia paciencia con que le tientan la barriga sus amigos los médicos antes de recetarle medicinas cuya utilidad ella cree descifrar entre los atractivos vericuetos del pesado libro azul que es con mucho el más leído de su casa. Ella tiene una fe de beata poblana en la contundencia con que cada laboratorio explica la redonda utilidad y la cantidad de avanzados conceptos y exclusivas sustancias que se utilizaron en la síntesis original de su específica fórmula anticolinérgica, ataráxica, gastrocinética, antiemética, neurotrópica, analgésica y en todos los casos despistadora, de cada medicamento. Porque lo único que está claro en el ir y venir de los males que aquejan a mi amiga es que la permanente combinación de domperidona, trimetoxbenzato, bromuro de clidinium, cimetidina, carbamazapina, ergotamina, dimenhidrinato y demás ocurrencias, aumenta, si no es la causa central, de un estado de despiste muy superior al del buen Stan Laurel.

Así las cosas y con una dieta carente de grasas y lácteos, harinas y ácidos, mi amiga dio en viajar. Sin embargo, una noche en España se autorizó bacalao y no le pasó nada y otra mañana, con los efectos provocados por un durazno, se hubiera ido al hospital, si no fuera porque conoce a los parientes de la muerte y sabe que les gusta escandalizar. Por eso es que personas de alto rango científico pensaron que lo procedente sería poner a mi amiga contra la pared y mandarla a hacerse una endoscopía, con objeto de obtener una visión más objetiva que las contradictorias apreciaciones de la enferma.

No porque me apasione tenerla siempre cerca sino porque parece que ella no puede vivir sin mí, apenas volvió de su viaje la acompañé en el trance. Hasta eso, debo decir que en casos así se porta razonablemente bien. Al principio quería salir corriendo de la sala de espera y cada vez que veíamos salir a alguien arrastrando los pies y adormilada, ella se lanzaba un discurso sobre la absoluta falta de necesidad que tenía de someterse al tormento de que metieran por su boca una cámara de televisión para retratar hasta el último reducto de su indómito estómago. Pero como a veces uno puede chantajearla con cosas como que nadie puede pretenderse una mujer moderna y racional si es incapaz de aceptar la utilidad de la tecnología, antes de conformarse con la sin razón como única razón de un desajuste físico, la convencí de esperar y cuando entramos la vi someterse a la inspección no sólo con paciencia sino diría yo que hasta con una entusiasta curiosidad. Pidió que no la durmieran y se entretuvo mirando las manchas rojas y las venitas irritadas que mostraban lo que el médico calificó de inflamación de aspecto petequial fino (vil gastritis), y un agujerito muy arriba que no cerraba bien, lo que se dijo significa incompetencia parcial del esfínter esofágico inferior (vil reflujo). Total: una vez más volvimos a la tesis multicompartida de que todo se le curará cuando ella se cure de las contradicciones que le corren por el cuerpo y que fluyen de un órgano que aún no puede retratarse, al que los antiguos llamaron alma, y para el que todavía no se encuentra un nombre mejor.

Mientras, la mordedura va con ella a todas partes y le ha quitado hasta las ganas de leer. Después de siete horas de viajar en avión junto conmigo y otra amiga común, sólo logró pasear los ojos por la historia de lady Di resumida por Rosa Montero en el suplemento dominical de *El País,* con motivo del libro que hace poco vendió en Inglaterra setecientos mil ejemplares tan sólo durante la semana de su aparición. El tal libro cuenta quién es y cómo sobrevive la princesita que nunca ha sido ni un diente de feliz y que tantos dientes ha paseado por las revistas.

—Pobre mujer —dijo mi amiga la vulnerable cerrando la revista.

—¿Pobre por qué? Todo lo que le pasa es que es tonta —dijo la amiga con la que viajábamos—. No tiene nada en la cabeza más que los auriculares de un *walkman* y un corte de pelo que se ha puesto de moda entre las que quieren parecer finas.

—Entonces ¿por qué sufre? —preguntó mi amiga la enferma desde el fondo de su gastritis.

—Ha de tener insuficiencias en el esfínter esofágico inferior —contestó burlona nuestra amiga, una mujer que se hace fama de práctica y eficaz a la que todavía no logramos creerle del todo la realidad de la fama en que se empeña.

—¿Quieres decir que yo soy una tonta? —preguntó nuestra amiga la gastrítica.

—No. Tú te haces la tonta —le dijo la práctica en su tono sobrado.

—Oyeme, no exageres tus confianzas. ¿Quién te crees, Marguerite Yourcenar? —protestó la enferma.

—Eso quisieras creerte tú —le reviró la práctica.

—No, no, no. Me vas a perdonar pero yo estoy consciente de mis limitaciones.

—Demasiado consciente para mi gusto.

—¿Qué quieres entonces? Bastante hago con no creerme el chisme de que soy una tramposa que deliberadamente escribió un *best-seller* aún en contra de la calidad literaria.

—¿Estás tan segura de que no te crees ese chisme? ¿Entonces por qué no te funciona el esófago?

—No le funciona porque tiene miedo —intervine yo haciéndole una caricia en la cabeza

—¿Miedo de qué? —dijo nuestra beligerante amiga.

—Miedo de que me coman las plantas que me crecen en la panza —dijo la de la inflamación de aspecto petequial fino.

—¿Te crecen plantas en la panza? —preguntamos al mismo tiempo sus dos amigas.

—Sí —contestó ella cerrando los ojos como si no quisiera verlas.

—Eso no salió en la endoscopía —le dije yo recordando la utilidad de la ciencia.

—Esas cosas no salen en las endoscopías —dijo ella.

—¿Entonces cómo las sabes? —pregunté.

—Porque las sientes —contestó ella muy seria.

—¿Y qué otra barbaridad sientes? —preguntó nuestra amiga la beligerante.

—Siento que un ángel se me muere entre las costillas, siento un diablo pudriéndose en mi sangre, siento luciérnagas en la garganta y estrellas de mar en los intestinos. Siento que un lobo aúlla en mi cabeza y una gallina pone huevos de nácar en mi ombligo.

—Se está volviendo loca —me dijo nuestra amiga la práctica considerando que con la enferma ya no valía la pena ni hablar.

—No —le dije yo con conocimiento de causa—, lo que le pasa es que es escritora y no está escribiendo suficiente.

—Eso es —dijo nuestra amiga la enferma de vuelta en la conversación como quien vuelve de otro planeta. Muchas veces retoma las conversaciones cuando vuelve de otro planeta. No en balde su hija después de pedirle algo más de dos veces empieza a repetir sin tregua: "mamá, aquí tierra llamando a luna, tierra llamando a luna".

—¿Y por qué no estás escribiendo suficiente? —preguntó de nuevo nuestra amiga la práctica

—Por eso, porque tengo miedo de que me coman entera las plantas que me comen el estómago.

—Lógico —dije yo—, y para eso el PLM no recomienda ninguna medicina.

—¿Lógico? —preguntó nuestra amiga. Si eso es lógico, yo estoy más tonta que toda la familia de lady Di. Suerte que no soy escritora.

114

—¿No eres escritora? ¿Entonces quién escribió el libro ese que vamos a presentar en Alemania?

—No sé —dijo la práctica sorprendida con su desinformación—. Yo no fui.

—Yo tampoco —dije yo—. ¿Será que mejor nos bajamos de Lufthansa?

—Sí, bajémonos —dijo la enferma recuperando un color que no le veíamos desde la infancia, como si el solo pensamiento de que fuera posible tal maravilla le aliviara el esófago y todos sus alrededores.

—Irresponsable —dijo la práctica—. Crees que tu estómago es el centro del mundo.

—Pero si el que me preocupa es tu estómago.

—¿Mi estómago? ¿Por qué te preocupa mi estómago?

—No te hagas. Tú tienes el estómago peor que el mío de tanto obligarlo a fingir eficiencia.

—Yo no finjo eficiencia, la que goza sintiéndose eficiente es Angeles.

—¿Yo? Si yo vine porque ustedes me obligaron. Que si qué iba a decir Michi, que si le había prometido a la editorial, que si no me interesaban mis ventas.

—¿Y no te interesan tus ventas?

—No. Bueno... sí.

—Ya vas a empezar. Nunca sales de lo mismo. Te la pasas dudando —dijo la práctica.

—Mentira, me he corregido muchísimo. Ya casi no dudo —le contesté.

—Entonces por qué preguntas: ¿Nos bajamos de Lufthansa? ¿Por qué no te bajas y ya?

—Porque vengo con ustedes. Y si una se baja nos tenemos que bajar todas, y tú no te quieres bajar.

—Pues ella que se quede. Bajemos tú y yo —intervino mi amiga la enferma que ya no quería perder la oportunidad de bajarse.

—De ninguna manera. Ahora vamos las tres. ¿Para qué dijimos que sí? —dijo la práctica.

115

—Porque nos lo preguntaron hace mucho —dije yo.

—¿Y eso qué? Mejor. Por algo son alemanes —dijo la encomiadora oficial de la eficiencia.

—¿Cómo qué? Pues que hace mucho yo no sabía que me iba a poner mal del esófago —dijo la enferma palideciendo de nuevo.

—Pues lo deberías de haber previsto. De algo te tenías que enfermar —dijo la práctica dándoselas de conocer de lleno la psique de nuestra amiga la enfermiza.

—Prever es de ilusos —dije yo.

—Exacto —dijo la gastrítica—. Quién va a saber de qué se va uno a enfermar...

—No necesitas saber de qué, si de algo te enfermas siempre, cuando te inviten di que te vas a enfermar para esas fechas.

—Lo haré a partir de ahora —contestó la gastrítica poniéndose aún más pálida.

—No creo que puedas —dije yo—. Porque siempre que te hablan estás sana y tú cuando estás sana crees que el futuro no existe.

—Tú también desconoces el futuro —me dijo.

—¿Yo? Yo hasta enferma desconozco el futuro —le contesté.

—Sí —dijo la práctica—. Esta desconoce hasta el presente. Le encanta el hube, el hubiera, el había.

—El pasado es lo único tangible —dije yo riéndome—. Hasta las canciones lo saben. Las mejores canciones están escritas en pasado.

—No siempre —dijo la enferma—. "No sé tú" está en presente y es buenísima.

—Pero es una pura evocación del pasado —dije yo—. "De tus besos, tus abrazos, de lo bien que la pasamos, la otra vez".

—"No sé tú, pero yo te he comenzado a extrañar..." —cantó la práctica, dueña de una voz suave y entrañable que jamás usa al hablar.

—"En las noches cuando duermo, si de insomnio yo me enfermo" —cantó la del colon irritado.

—Tú te enfermas de todos modos —dijo la práctica volviendo a ser ella—. ¡Qué horror, Angeles, ya lograste convertir la conversación en bolero! No sé cómo le haces. Siempre tenemos que acabar tarareando estupideces.

—Siempre —dije yo—. Es como una maldición.

—Una maldición es irnos a meter a esa Feria en la que hay tantos libros, tantos editores y tantísimos escritores —dijo la enfermiza

—Esa es otra maldición —dijo la práctica.

—¿También tú crees que es una maldición? —preguntó la enfermiza—. Entonces no vayamos. Angeles, ella tampoco quiere ir.

—¿De veras? —pregunté yo—. ¿Estás segura?

—Segura —dijo la práctica—. Si tanto las aflige no vayamos. Pero que conste que ustedes estuvieron de acuerdo. No sea que después tú empieces con que hubiéramos ido y ésta se ponga grave cuando alguien venga a contarle de lo que se perdió, y resulte que la culpa entera la tenga yo por hacerles concesiones.

—No te preocupes —dijo la enferma—. Sólo te lo reprocharemos si mi gastritis deriva en cáncer.

—Exacto. Sólo si vendo menos de cien libros en Alemania —dije yo.

—Entonces vamos, porque yo no puedo asegurarles nada, y no estoy dispuesta a soportar sus lamentaciones los siguientes seis meses. Vamos, y ya, y punto, y duérmanse que van a llegar hechas unas tontas —dijo la práctica sacando de su bolsa una cajita de pastillas idénticas a la que hacía rato había sacado la enfermiza, y echándose a la boca un dramamine que se tragó sin necesidad de agua.

Cuando nos bajamos en Francfort, estaba todavía mareada y refunfuñaba más que nunca.

—Se los advertí —nos dijo—. Es horrible viajar. Pero ustedes con sus enfermedades y sus dudas son capaces de llevarlo a uno a cualquier parte.

117

—Cállate por favor que a ésta la empieza a mordisquear la ballena si la perturbas —dije mirando la palidez que la enferma intentaba quitarse con una brocha saturada de polvo rojo.

—Tú chula —dijo la práctica más agria que su anhelada eficiencia —por favor ya no la defiendas y fíjate en lo que dejas porque luego tenemos que regresar a ver si los que barren recogieron tus dólares o tus manuscritos.

—Se olvida siempre lo menos memorable —dije.

—No empieces a dejarte caer porque no tengo ánimo para levantarte —me sentenció.

—No tienes ánimo para nada —dijo la enferma con un brío inusitado—. Nos estás amargando el viaje, lo mismo te podrías haber quedado en México, tantos aires de práctica que te das y no has sido ni para llenarnos las formas de migración.

—¿Qué? —dijo la práctica—. ¿No sirvo de nada? Pues a ver quién les consigue el taxi, quién las registra en el hotel, quien les lava los dientes y les pone los tubos eléctricos. A ver quién te recuerda el horario de tus medicinas y quién contesta el teléfono. A ver quién saluda con amabilidad y quién les decide qué ropa usan, a ver quién diablos presenta el libro y quién da con el camino a la tal Feria. De mí olvídense que ya las olvidé.

—No te enojes —dije yo angustiada con la idea de perderla en un lugar tan alejado—. Y no hables como bolero que esa es mi debilidad. Una de mis debilidades —terminé.

—Sí —me contestó—. La otra es esta histérica majadera con la que te empeñas en viajar como si fuera tan simpática —dijo señalando a la enferma que seguía entretenida en rehacerse el gesto.

—Perdónala. Es la de la vida interior. Ni modo que no la traigamos. Nos aburriríamos.

—¿Tú crees? —me preguntó recuperando el humor.

—Yo sí. No sé tú. Por favor haz las paces con ella —le pedí jalando a la enferma que había dado en declamar a Sabines en el desorden con que siempre lo memoriza.

—"No quiero paz —decía—, quiero mi corazón desnudo para tirarlo a la calle. Quiero mi soledad, y que si hay alguien como yo, con asco, que se lo trague".

—"Dices que eres poeta porque no tienes el pudor necesario del silencio" —sentenció la práctica que también memoriza a Sabines.

—Parece que van a pelearse durante todo el viaje —le comenté a la mujer retratada en la foto de mi pasaporte—. ¿Qué haré con ellas?

—Lo que sea menos sacarlas del hotel —me contestó con la seriedad que la caracteriza.

—Buen consejo —le agradecí.

—¿Con quién hablas? —preguntó la práctica.

—Contigo —le dije. —Te pregunté si vamos a quedarnos en Francfort.

—Por supuesto, gracias a que yo hice mi trabajo.

—Lo hizo la editorial, no presumas —dijo la enferma ninguneando a la práctica. ¿Y tú por qué nada más hablas con ella? Ni siquiera te importa el esfuerzo que hago para no quejarme del dolor que me mata.

—Tienes razón —le dije—. No me importa. Házlo si lo quieres hacer, y si no lo quieres hacer, muérete pero ya no me digas que te duele el estómago.

—Eso —dijo la práctica— por fin la pusiste en su sitio.

—Tú cállate también que estoy tan cansada de oír tus sermones como de oír sus quejas. Bórrense las dos, guárdense en un ropero, enamórense, escupan, hagan lo que se les pegue la gana pero ya no me molesten —grité.

—Vámonos pues —dijo la enferma fraternizando de pronto con la práctica. A ver con quién se queda.

Y se fueron. Pero han de volver. Han de volver porque me quieren, y porque saben que sin ellas me muero.

El silencio más fino

¿Hay un amor? ¿Es el amor el único postulado político capaz de procurar el desasosiego?

Casi todos los grandes libros no sólo hablan del amor sino que lo tienen como materia prima. Mejor aún: los grandes amores están sacados muchas veces de los libros y cuando los recordamos no podemos pensar en un solo amor sino en un amor diferente en cada caso: no quieren igual Paris y Helena en *La Iliada* que el príncipe Andrés y Natasha en *La guerra y la paz*. No es lo mismo el amor de Don Quijote y Dulcinea que el de Otelo y Desdémona, Dante y Beatriz, Fausto y Margarita, Hipólito y Fedra, Orlando y Rosalinda, Jasón y Medea, Abelardo y Eloísa, Ursula y José Arcadio Buendía, Oliveira y la Maga, Pedro Páramo y Susana San Juan.

Cada historia de amor es tan excluyente de las otras que no tiene nada de rara la certidumbre de cada pareja que cuando se enamora cree estar fundando un sentimiento al que los demás no tendrán acceso nunca. Todos los amores, lo mismo los dichosos que los desafortunados o los bobos, generan la sensación de que uno es excepcional mientras los goza, los padece o simplemente los recuerda y echa de menos.

Los analistas hacen diferencias, hasta se dan el lujo de creer que es posible clasificar los amores. Con toda tranquilidad los llaman normales o perversos, conyugales o ilícitos, infantiles y adultos, románticos o realistas. También se atreven a mezclar y desaparecer la anterior clasificación para formar otra igual de arbitraria. Dividen los amores entre los amistosos, los de parentesco, los filiales, los maternales, los que se sienten por los compatriotas o por el país o por Dios o por la pareja. Nosotros podríamos hacer una clasificación que dividiera a los amorosos entre los bizcos, los cuerdos, los epilépticos, los sidosos, los esterilizados, los aburridos, los cursis, los calculadores, los talentosos, los genios, los sosos, los litigantes, los modernos y los desempleados. Lograríamos explicar más o menos lo mismo: nada. Esto del amor sólo lo entienden los poetas y los cancioneros y eso a veces, porque el amor doméstico —que lo hay— transcurre por caminos tan extravagantes que no ha podido ser descrito con tino ni por los mismísimos poetas.

Clasificar el amor puede ser muy fácil o dificilísimo, pero de cualquier manera una actividad inútil para quienes lo que pretenden es vivir, pasados, poseídos por el placer y la pena que de él se derivan. No porque anden buscando una vida de privilegio, sino porque no dan para otra cosa.

Dice nuestro sabio Sabines: *el amor es el silencio más fino.* Si es así, la mayoría de nosotros no lo practica cuando ostenta su casa en común, sus hijos, sus delirios en ruidosa comunidad. Dice alguien más: los enamorados se engañan, siempre se muestran mejores ante el otro. Si es así, la verdad de la mascarilla que va y viene por la casa y el señor que siempre deja sus calzones sembrados en mitad del cuarto no es amor. Y entonces, ¿qué es esa fraternidad a la que inevitablemente se llega después de cinco años de matrimonio, que diría el doctor Juvenal?

Es el tema de muchas novelas que quienes viven eso del amor en silencio tembloroso, quisieran convertirlo en un asunto de todos conocido, en fidelidad, en un modo práctico de acompañarse la existencia. Pero al revés, cuántos arriesgan la paz, el patrimonio, la amistad, la complicidad y los hijos en común con tal de poseer por un tiempo el insoportable silencio de los amorosos.

Tantas y tan distintas cosas se han dicho del amor, tantas y tan fascinantes son capaces de inventar quienes se empeñan en vivir en la cresta de la ola o en la punta de la rueda de la fortuna que suelen abrumar su vida imponiéndose el deber de conocerlas todas, antes de que el destino sosiegue su voluntad. Todas las cosas que se cuentan del amor son atractivas, lo mismo las de Salomón que las de Santo Tomás de Aquino, igual las del vertiginoso Stendhal que las de Masters y Johnson, tanto las de Rubén Darío como las de José Alfredo Jiménez, las de Sor Juana que las de nuestra mejor amiga.

¿Quién no ha tenido un amor de los que cristalizan a la persona amada? ¿Quién no ha convertido a otro en algo tan perfecto como remoto al que sin embargo habría que acompañar al final del arco iris o a la guerra? ¿Quién no se ha sorprendido con la piel en carne viva el día en que levantó los ojos y descubrió la más bella máquina humana apretando su mano sólo para decir "Buenas tardes"? ¿Quién no quisiera decir como Darío, "*Plural ha sido la celeste historia de mi corazón?*" O como Sor Juana "*El Mundo iluminado/ y yo despierta*". O como José Alfredo Jiménez, "*¿Cuánto me debía el destino que contigo me pagó?*"

Unos apelan a nuestros deseos, otros a nuestra fantasía, otros a nuestros líquidos más inmediatos, y a uno le gustaría protagonizar cada verso para ver si así entiende algo o de plano se decide a no entender nada del amor.

Dicen que Santa Teresa podía sentir y estremecerse hasta la lucidez con sólo pensar en Dios. Dichosa ella que se encontró un Dios que tanto la quiso, por eso pudo decir "*Quien a Dios tiene nada le falta, sólo Dios basta*". Ella sí que dio con un *Super Valentine*.

En cambio nosotros, seres comunes y corrientes, con citas en la tierra, con pulmones que intentan habituarse al aire negro y deseos que se pudren intentando habituarse a lo permitido, tenemos un quehacer menos divino, destinatarios y envíos menos perfectos y, por lo tanto, amores, pasiones, desvaríos y lucideces más tormentosos y menos eternos. Amores para los que no tenemos más explicación que ellos mismos, deberes y romances que se ponen de mal humor, llegan tarde, o trabajan demasiado. Amores menos glamorosos que los que vibran en las televisiones o en los místicos. Tenemos la dicha espantosa de ser queridos como dioses y el infortunio de ser abandonados como cualquiera. Tenemos la curiosidad y la esperanza, la idiota certidumbre de que el amor eterno dura tres meses después de los cuales puede llegar ¿el amor?

Dice Heráclito: "Inútil es luchar contra los deseos del corazón, lo que quiere lo compra con el alma".

Y como el alma es esa sofisticación que no se gasta por más que la gastemos, hemos de estar dispuestos a comprar cualquier deseo, sobre todo los del corazón.

Mea culpa

A veces digo que mi principal defecto es la indecisión, pero la verdad es que la duda como método es una actitud que se deriva de un defecto aún más arraigado y peligroso: la culpa. Decidir siempre es abandonar, y abandonar, como tantas otras cosas, provoca culpa.

Quizá de entre los muchos defectos con que nos maldicen las hadas del mal a las que nadie quiere invitar a su bautizo, pero que de cualquier modo llegan, implacables y voraces, a deshacer gran parte de los dones que las hadas buenas nos habían otorgado, uno de los peores es la culpa.

Dicen algunos que la culpa no es índole sino aprendizaje, y que la tradición judeo-cristiana nos educa en la culpa. Yo no dudo que la educación refuerce el vicio de la culpa, pero no creo que lo engendre porque tengo hermanos que desconocen la costumbre de atormentarse con la culpa y que hasta donde entiendo fueron educados en los mismos valores que yo.

Por eso creo que es un asunto de índole contra el que por lo mismo es muy difícil luchar. No hay razonamiento que ayude y sólo la cura, a ratos, el olvido. Digo a ratos porque los culposos tenemos una excelente memoria en lo que al recuento de nuestras culpas se refiere y una habilidad impresionante para hacernos de nuevas culpas en cuanto logramos olvidar algunas. Eso sí, nadie perdona más fácil que un culposo, porque nadie sabe mejor lo que puede estar sufriendo el que pide perdón y un culposo no es capaz de hacer sufrir a nadie de culpa, entre otras cosas, porque no se siente capaz de cargar con la culpa que le provocaría tal maldad.

No hay tipo físico, ni corte de pelo que distinga a un culposo de un no culposo; sin embargo, un culposo puede distinguir a otro culposo a media cuadra de distancia. Generalmente dos culposos no duran mucho tiempo peleados, pero pobre de un culposo que agravie a un no culposo, porque ya tiene para sufrir una temporada.

Hay muchos tipos de culpas, tantos como seres que las padecen y manías que los acompañan, pero quizá puedan dividirse primero en dos grandes clases: las culpas de acción y las culpas de omisión. Es decir, las culpas por lo que hacemos y las culpas por lo que dejamos de hacer. Todo culposo tiene culpas de los dos lados. Y cada uno las hace ir y venir de un lado al otro según van corriendo por sus días. Así que no seguiré intentando un orden metodológico para agrupar lo que podría llamarse paradigmas de la culpa, sino que me limitaré a mencionar algunas de las incontables maneras en que puede presentarse la compañera culpa. Me disculpo de antemano por la falta de rigor, aclarando que al intentar este recuento no me mueve una voluntad de carácter científico. Lo único que pretendo es hacer un mínimo esfuerzo de solidaridad, paralelo, de ninguna manera opuesto al famoso programa de reivindicación banquetera que lleva el nombre de tan hermosa palabra, con aquellos que al llegar el fin de año, en medio del brindis generalizado, se dedican antes que a la celebración a inventariar su colección de culpas anuales. Trataré de empezar por las menores y después las dejaré llegar como lleguen, quizá la memoria sea una buena organizadora.

Culpa de plato: Hay culpas chicas pero constantes. Una de ellas es la que se siente al no poder más con un plato que todavía tiene comida. Dejarlo equivale a oír la voz de un papá que dice: "a ustedes les haría falta una guerra". Comérselo equivale a cargar con la culpa de haberse provocado algo tan desagradable como el hartazgo. Yo recomiendo que se elija la primera culpa. Uno puede levantar la vista al cielo y decir para sí, no sea que se confunda todo el restorán: "ni modo, papá, no estamos en guerra".

Culpa de compra: Esta culpa la padecen más las mujeres que los hombres y se da al volver a la casa. Cuando salta, la acompañan lamentos y preguntas como éstas: ¿para qué compré esto?, ¿cuánto costó? Me volví loca. Zapatos morados, ni que tuviera yo con qué ponérmelos. Salmón, ¿quién se lo va a comer? Tú eres la única en esta casa a la que le gusta. ¿Para qué siete libros si vas a leer uno? Etcétera.

Esta culpa puede solucionarse regalando la compra que la provoca y haciendo feliz a alguien prudente.

Culpa por pérdida: Los culposos andan siempre tan preocupados con alguna de sus culpas que acostumbran perder las cosas o permitir que se las roben en sus narices. Después de lo cual penan la culpa de su distracción como si hubiera sido la única de su vida. Esta culpa deriva en la certidumbre también culposa de que uno es idiota. Desconozco el remedio.

Culpa doméstica: Afecta fundamentalmente el sueño de quien la padece, también con frecuencia perteneciente al sexo femenino. Tiene que ver con la certidumbre de que si la casa camina es porque el ama de casa se mueve. La sola idea de que otros anden por ahí haciendo sus quehaceres mientras uno reposa la desvelada, puede ser intolerable. Esta culpa provoca las úlceras y los dolores de cabeza propios del mal dormir.

Culpa por ausencia: Esta culpa es frecuente en quienes con el tiempo se vuelven más hogareños que fiesteros. Se deriva de no asistir a lugares en los que se reúnen personas que le son entrañables y a las que opta por no ver porque ese día no le alcanza el cuerpo para tanto. Se manifiesta más de una vez, la primera al meterse a la cama y pensar en todo lo que de seguro se está perdiendo, la segunda o más cuando quienes sí asistieron hacen el recuento de sus dichas, o quienes invitaron manifiestan el disgusto por lo que nunca entienden sino como falta de cariño, aunque uno los quiera con el alma.

Culpa de presencia: Esta llega siempre en casa ajena y después de la una de la mañana. Cuando se empieza a hacer el recuento de las horas y se reconoce que dormirá uno cinco, cuatro, cualquier número menor de las seis horas que uno necesita para entender su idioma de origen y mucho menor de las siete y media que lo mantienen de buen humor y afectuoso con quienes lo rodearán al día siguiente.

Culpa de regaño: Esta es una clarísima culpa de las que pueden ser de acción o de omisión. Dicen que un regaño a tiempo es mejor que mil sermones a destiempo, pero difícilmente hay una culpa tan ácida como la de haber regañado a un hijo en falso. Por eso los culposos generalmente cargamos con la culpa de no regañar suficiente. Esa culpa, dicen, pasa la cuenta con el tiempo. Yo le tengo terror. Se cura confiando en la buena entraña que uno les sabe a sus hijos, pero afirma la doctora Maruca Ruiz que se cura enfrentándola. Si uno regaña mal, dice, preferible que no regañar nunca. Deber extenuante como ninguno el de lidiar con este género de culpa.

Culpa médica: Esta culpa se sobrelleva con poco esfuerzo. Se deriva de no ir al dentista cada seis meses, no ir al ginecólogo cada seis meses, no ir al oculista cada que está uno más ciego, no preguntarle al gastroenterólogo si puede uno recetarse la pastilla de moda contra el dolor del diario. Está fundada en una culpa mayor y también más frecuente entre las mujeres, que es la provocada por la sola idea de estar enferma cuando esto puede equivaler a estar inutilizable.

Culpa ecológica: Entré en ella movida por el fervor con que mi madre y mi hermana militan en la causa de la basura y sus devenires. Antes era grato y relajante tirar a la basura. Ahora se me ha vuelto una continua pregunta. ¿A dónde va a ir a dar esta cáscara? ¿Dentro de cuántos decenios se desbaratará esta bolsa? ¿Quién recogerá este Kotex? ¿Por qué estoy

128

cooperando a que nos aplasten las botellas vacías de champú y desinfectantes? ¿Por qué permito que el señor de la basura mezcle la reciclable con la orgánica cuando ya la dividí? ¿Por qué no hago el esfuerzo de lavarla y llevarla a vender? ¿Cómo voy a tirar una navaja de rasurar?

No tiene fin esta culpa. Si respiro, malo, si manejo, malo, si prendo la chimenea, ni de chiste, si compro plástico, qué horror, si ensucio un algodón ¿qué? Dichosos los que no conocen esta culpa pero se los advierto: está en el aire.

Culpa ajena: El origen de esta culpa viene de presenciar algo que nos parece mal hecho por alguien de quien nos sentimos cerca. Los culposos varias veces se ponen al borde de pedirle disculpas a un desconocido por lo que le hizo un pariente o un amigo. A veces esta culpa se extiende y entonces un culposo que no tiene nada que ver ni con las gaseras ni con Pemex ni con los talleres mecánicos, puede pasar días abatido por la culpa de que haya volado un sector de Guadalajara. O uno que no tiene por ningún motivo algo que ver con el proceso electoral en San Luis Potosí, Chihuahua, Michoacán o el estado que por azares de su destino esté pasando por los abrumadores litigios propios de una elección que se precie de serlo, de pronto se debate una mañana en el pantano de la culpa que se deriva de no saber a quién demonios darle la razón, o de, leyendo el periódico, concluir de pronto: éste la tiene. ¿Cómo le hicieron esa porquería? Como si algo dependiera de que uno le dé la razón a quien sea.

Culpa por exceso verbal: ¿Para qué dije eso? ¿Para qué conté eso? ¿Por qué tengo esta lengua imprudente? Son preguntas que pueden acosar a un culposo durante meses. Un descuido de medio minuto puede repercutir en horas de mal sueño, en llanto y desasosiego, en vergüenza eterna para un culposo. Casi siempre se aprende tarde y en cabeza propia, pero si les sirve de algo, amigos culposos, oigan este consejo: no dejen hablar a su ronco pecho cuando esté cruzado por las emociones.

Culpa por silencio: Siempre es menor que la anterior y tiene más fácil remedio. Pero trate usted de no olvidar los cumpleaños, de no faltar a los pésames, de no callarse el cariño cuando puede expresarlo, porque algunos silencios se vuelven abismos. "¿Cómo no le dije?" es la frase que acompaña esta culpa.

La culpa por decir la verdad o la culpa por no decirla son derivaciones de las dos culpas antes descritas. ¿Quién me mandará ser honesto? ¿Cómo puedo ser tan falso? Son preguntas típicas de estas culpas. Trate de evitarlas porque no remedian nada.

Culpa salarial: Esta es una culpa frecuente entre los escritores. Por quién sabe qué motivo el mundo ha creído siempre que los escritores están para regalar, y al creerlo el mundo lo han creído los escritores, que si a algo se dedican con fervor es a creerle al mundo. Así que les da pena cobrar. Total: ¿cuánto será por un textito, cuánto por escribir un recadito para una revistita, cuánto por dar una conferencia si le vamos a pagar el boleto de avión y el hotel?

Muy pocos de quienes se atreven a cobrar, con énfasis y rigor por estos trabajos, no se sienten culpables de hacerlo. Entre otras cosas, porque la mirada de la gente casi siempre es hostil y recela de los escritores que cobran por hacer su trabajo. Cosa que no sucede frente a los pintores, ni frente a los músicos, ni frente a ningún otro artista, ya no digamos médico, licenciado, contador o comerciante. Esta culpa no tiene remedio, por lo tanto recomiendo a quienes la padecen que se busquen un amigo generoso que con toda formalidad se convierta en su agente, capaz de cobrar por ellos.

Culpa por autoagravio: Esta es una culpa sofisticada que han hecho proliferar los psicoterapeutas o sus teorías escritas. "¿Se ha dado cuenta de lo poco que se quiere?" es una pregunta que puede conducir a un culposo a quererse aún menos. Soy de una vileza insoportable —se dicen—. ¿Cómo puedo ser tan ruin conmigo mismo? Tengo que quererme, tengo que quererme o mereceré un castigo.

Culpa informativa: Pocas culpas tan necias y tan frecuentes como esta. Uno se encuentra a estos culposos devastados por las mañanas y exhaustos por las noches. Son lectores de periódicos, que una vez informados de la catástrofe en Yugoslavia, en el Mar Negro, en Africa del Sur o en la capa de ozono, pasan el día sintiéndose responsables de la desgracia universal. Si tales culposos son periodistas, acostumbran deshacerse de la culpa buscando por escrito a los "verdaderos culpables", pero si no cuentan con el desahogo de la palabra escrita sufren el triple. Esta culpa no tiene remedio, como tampoco la tiene el hecho de que parte de nuestro mundo tenga vocación por la infamia o esté regido por la barbarie. Les recomiendo a estos culposos el ejercicio cotidiano de sentirse tan corresponsables de la guerra como de la paz. En casos graves, lo mejor es el abandono total del mundo informativo y su maleficio.

Culpa conyugal: Por el sólo motivo de lo imposible que resulta estar siempre de buen humor, coincidir siempre, o tener siempre el mismo gusto por un restorán o por el defecto de un hijo que no es sino la herencia del propio, los cónyuges discuten. Como en principio viven juntos porque se quieren, al rato la discusión se archiva. Pero el culposo, ay el culposo que todo lo querría como en los cuentos, no se quita de encima la piedra del Pípila, hasta que su propia alhóndiga no arde en las llamas del perdón. Mientras llega este fuego, el culposo puede pasar horas de horror que no ayudan a nadie, mucho menos a la tranquilidad doméstica. Se recomienda no sacar esta culpa de la casa porque causa estragos inimaginables.

Culpa de carencia: De vez en cuando, escasos pero brillantes días, los culposos amanecen libres de culpa. Entonces andan como benditos por la vida, queriendo de más, trabajando de menos, dándose gusto en todo: intransigentes, beligerantes, cantadores, hermosos.

Lo malo de estos días es que de pronto los interrumpe la mancha de una culpa inasible y ruin como ninguna: la idiota culpa de andar sin culpa.

131

Hasta donde me dicta la experiencia, ésta es una de las culpas más frecuentes al finalizar diciembre. Por eso, mientras llega, vale la pena entregarse a las piñatas y los festejos, dejar para enero o para nunca el balance de las culpas del año anterior, no conocer la prisa ni el miedo, no dejarse mojar por la lluvia del pecado original, ni atormentar por la noche en que se albergan los malos recuerdos. Ser los más insaciables, cismáticos, libres y perdonados de quienes habitan el mundo en este último mes del año.

Ciclón

Exhausto el mar, indiferente a los destrozos de su ira, lame las rocas que hizo florecer. No hay arena, no hay playas, no hay mujeres buscándolo. Enloqueció unas horas, paga con abandono su barbarie. Para su suerte hay luna, porque de la orilla no recibe una gota de luz: la brillante tierra del Caribe está apagada. Ni todos los exorcismos pudieron detener el ataque del mar sobre sus casas, sus trabajos, sus valientes y leales moradores.

El mar es una cosa seria, saben los que viven junto a él. El mar es un amante impredecible: desconoce, abandona, lastima, pero brilla, acompaña, alimenta. El mar traga, roba, vomita. El mar abraza. El mar es un amante, y quienes lo aman entienden su locura y lo perdonan. Por eso no se fueron cuando llegó el aviso de su próxima cólera, por eso no lo dejan después de padecerlo, por eso vuelven a empezar junto a él, recién acallado, la fiebre de vivir a su vera.

Los turistas se han ido un tiempo. Volverán. Nunca dura el miedo más que las otras pasiones. Pero ahora es de noche en Cancún, en Isla Mujeres, en Punta Allen, en Holbox, en Cozumel. Es de noche en silencio y no se ve el rencor.

La ropa mojada brilla bajo el sol de la selva. La carretera va de Cancún a un pueblo que se llama como Leona Vicario.

Entre otras cosas, Leona quiso con todas sus ganas a Andrés Quintana Roo. Ambos trabajaron en la lucha de México por la República y la paz a fines del siglo pasado. No creo que Leona haya pedido nada a cambio, pero a cambio la República le dio su nombre a un pueblo de niños ojones y mujeres que le extienden su bravura a la catástrofe.

Son las nueve de la mañana, el sol es intenso, como el más fiero mediodía. En la plaza del pueblo conversan con nosotros varias mujeres que se han puesto huipiles floreados sobre faldas blancas y que hablan del huracán para contar sin escándalo que arrancó el techo de sus casas y puso a la intemperie sus cuatro pertenencias y sus muchos hijos. Ayer lavaron la ropa, por eso brilla, pero no tienen otra. El sol derrite las bolsas de plástico en que la guardan y vuelve a confundirla con el lodo y las pestilencias que trajo el agua de tantos días.

Han empezado a llegar láminas negras para reponer los techos perdidos, y con la comida enviada en desorden desde donde se puede, han llegado también sabores nuevos, sabores qué se irán cuando el olvido envíe a otra parte la caridad golondrina que hoy los provee.

Valeriana Caamal se llama una mujer que lo mismo tiene 30 o 50 años. Es intrépida y conversadora.

—Nosotros estamos jodidos, pero ya de antes. El huracán nomás reforzó. Y no nos fue tan mal. Sólo los techos. El que poco tiene, poco pierde. Ora que no estaría mal tener mucho que perder, ¿verdad?

Cada pedazo de la selva es un paisaje original. Antes del ciclón, uno caminaba entre ella viendo a los árboles repetirse hasta el horizonte. Ahora cada quien es desdichado a su manera. Cada cosa tiene su experiencia privada de los hechos, cada uno los enfrentó diferente, aun los árboles más cercanos entre sí. Unos tienen las ramas arrancadas, otros se partieron en dos, saltaron de la tierra con todo y las raíces que ahora exhiben despatarrados, otros nada más se inclinaron tras una lucha de horas. Unos cuantos permanecen erguidos, miran desde su soledad, la soledad.

Los letreros que avisan el nombre de los pueblos, la distancia o cercanía de cada sitio, se cayeron todos. Unos quedaron torcidos hacia arriba como si fueran de papel y los hubiera masacrado un niño, otros hacia adentro, resguardados. Unos están plegados como olanes, otros hechos pedazos, con sus letras regadas al borde del camino. En mitad del cementerio una palmera chiquita, redonda, quedó viva, perfecta. La barda roja que decía "se vende", entera se fue de espaldas como una desmayada, y el molino de viento de una granja cayó de bruces retorcido por la epilepsia.

Nueve personas a bordo de una combi viajamos cuarenta kilómetros sin decirnos una palabra. Estupefactos y aturdidos, tratando de imaginar el desenfreno con que el ciclón *Gilberto* recorrió nuestro camino.

*   *   *

Hace algunos años oí a una mujer lamentar la flojera de su marido. Contaba con sus labios apresurados que cuando Chetumal era un pueblo remoto y mínimo, la gente se decía dueña de la cantidad de terreno que alcanzaba a chapear: la cantidad de selva, de espinas y culebras, árboles gigantescos y fieras yerbas que arrancaba del monte. Su marido chapeó lo inevitable, otros chapearon más y ahora sus mujeres son ricas. Ella tiene que conformarse con la tierra en la que está su casa. Recuerdo las quejas de doña Jose cuando entramos a la colonia 96 en Cancún.

Hace apenas un año sus habitantes tomaron el pedazo de selva en que ahora asientan sus casas. Desnudas, peor que desnudas, como despellejadas, calaveras de palitos *chit* a las

135

que el huracán arrebató los techos y las paredes, sus casas están como al principio, recién sembradas.

Esto también se llama Cancún. Aquí también brilla la tierra y el sol podría dorar la piel de las más pálidas europeas. Pero aquí sólo hay eso: tierra y sol. Tierra y sol bajo las calaveras, dentro de ellas, porque las codiciadas láminas negras, las horribles láminas negras, volaron como pájaros de rapiña siguiendo el torbellino del ciclón.

Las plaquitas con número que distinguen una vivienda de otra no se perdieron con los techos. Fue ganancia: así cada quien sabe qué pedazo de pobreza es el suyo.

Hace calor, el pródigo calor de Quintana Roo abrasa las viejas sombrillas, las eternas flacuras de niños y perros, el palabrerío en torno a las cuarenta y dos láminas que hay para cada quien.

—No alcanzan— dice una señora de voz lacia que arrastra los pies al caminar.

—Tú no protestes, que son regaladas— le contesta una vieja de pelos alborotados que se encarga de contarle a quien la oye cómo se destrozó las piernas y los brazos para abrir el camino hasta su casa; cómo le gusta vivir ahí, en la colonia 96, rascada con sus manos, sin pedirle al gobierno más que la luz que ahora le piden, cómo ella ha visto y le han tocado peores ciclones que el *Gilberto* arrebatándole unos techos.

Hay mucha gente con ganas de hablar y nadie se las aguanta. Platican y platican como si estuviéramos sentados bajo una palapa bebiendo agua de coco. Son cientos de conversadores con causas y leyendas distintas. Se atropellan, se enciman, se vuelven un coro alebrestado. Uno quisiera oír cada historia, registrar cada voz, recordar cada gesto, contar cada pena y cada porvenir. Estamos en el centro de una gran pajarera y nos vamos, vale decir, nos escapamos. Entonces ellos dicen adiós mientras vuelven al litigio por las láminas, las ayudas, los pequeños privilegios. El coro crece de últimas y después se achica con la distancia. Sí, también esto es Cancún, de qué manera.

Desde el avión se ven los hoteles baldados. A todos les falta algo, empezando por la playa. Están rodeados de piedras, es imposible acceder al mar, sin embargo nada sería más grato. Hace calor y el agua es tan perfecta, tan cínica, tan atractiva como siempre. Uno diría que no ha pasado nada y menos por su culpa. Si no fuera porque ningún hotel tiene vidrios, si no fuera por las albercas llenas de arena que se cayeron varios pisos, si no fuera por la completa soledad en que han dejado todo, si no fuera por el enorme barco incrustado contra el primer piso de un hotel que jamás se imaginó ese futuro.

Ahí abajo cada uno tiene también su desdicha original, su precisa memoria.

En algunos lugares han empezado las reparaciones, uno está recuperando hasta la playa: la gran pala mecánica saca arena del fondo del océano y la pone sobre las rocas. De un día para otro las volverá a cubrir. Con más prisa que el mar, al mar no le urge reconstruir el paisaje, él tiene su tiempo y a su tiempo también regresaría la arena que se llevó. Nada más que los hombres no están para seguirle el ritmo al mar.

*   *   *

Sobre el pantano cayó un avión. Es pequeño y rojo, tiene números en las alas, está muerto.

¿Cómo habrá sido su derrota? ¿Dónde están sus tripulantes?

Uno se lo pregunta al verlo desde el cielo y después lo abandona. No es que lo olvide.

*   *   *

La orilla de Isla Mujeres tenía tantos albergues como podía albergar. Ahora no albergan a nadie.

El hotel Presidente está ladeado sobre las rocas que lo sostenían. Algunos se habían hecho la promesa de vivirlo cuando viejos. También con las promesas cargó el ciclón *Gilberto*.

En cambio al local de la cooperativa de pescadores no le sucedió nada. El ciclón entró por una puerta y salió por la otra sin hacerlo temblar. Ahora estamos ahí oyendo a su líder, un Neptuno del Caribe grande y rizado, que habla como si lo escuchara el mundo: "Nosotros no estamos familiarizados con los ciclones, pero tampoco nos aterran. No vamos a dejar la isla aunque el mar la haya cruzado de lado a lado. De aquí somos y aquí seguiremos viviendo".

La mitad de la isla está inundada, los ductos por los que recibían el agua desde el continente se rompieron, pero ellos ahí viven y ahí se quedan. Ahí han empezado a trabajar, ahí buscan su comida y la de otros.

El ciclón acercó las langostas y las pescan por montones. Acaban de bajar dos cajas llenas de joyas. Son brillantes y anaranjadas, se antoja echarse una en la bolsa, asarla junto al mar, traerla a nuestra cocina, comérsela a mordiscos ahí mismo. Dentro de poco estarán en el congelador del supermercado y habrá que pagarlas como el oro que son.

Sin embargo, quienes las pescan no están ricos, ¿quién ganará con la fiereza que entre ciclón y ciclón les pide el mar a cambio de langostas?

*   *   *

En Cozumel el sol se mete sobre el mar y difícilmente hay algo más consolador en el planeta. Ya era de noche y el niño seguía fuera de la casa contemplando a las olas tragarse el malecón. El y su tío fueron los últimos en abandonar la orilla. Entonces aún servían los teléfonos y el abuelito andaba recorriendo casas y tiendas como si toda la isla dependiera de su esfuerzo, la abuelita había vuelto a revisar todas las puertas y ventanas antes de poner leche en el fuego, su hermano armaba un rompecabezas al que le faltaban tres piezas. Todos, con más o menos ruido, esperaban. El mar iba a volverse loco, ya lo sabían, por eso cruzaron los vidrios con cinta adhesiva, protegieron la comida, levantaron del suelo la jaula del tucán. Por eso habían ayudado a correr la última alarma antes de que un señor se presentara al radio para exigir al distraído medio que lo hiciera formalmente. Por eso los aviones no entraban ni salían de la isla, por eso los pocos turistas estaban encerrados y nadie había pasado la tarde viendo ponerse el sol desde la baranda del malecón.

Como a las ocho el niño entró a su casa y habló de últimas con su papá en la ciudad de México.

A las nueve el tío decidió salir otra vez a contemplar la desaforada naturaleza. Volvió casi arrastrado por el abuelito que regresaba por fin de prevenir desgracias propias y ajenas.

Poco a poco los ruidos se fueron convirtiendo en fieros rugidos y el ciclón poseyó hasta el último escondite de la isla. Durante horas quienes no vieron sus casas volar o hundirse, las oyeron estremecidas sobre sus cabezas. Los mayores habían sentido otros ciclones, nunca uno como éste. Los menores, quizá, no vivan el tiempo necesario para dar con uno igual. Llegan cada cien años, muchos dicen que es mejor morirse antes, el niño no. Bendito el niño que no tuvo miedo. Toda la noche estuvo vigilante, y ni al romperse la ventana de abajo sintió un poco de susto. Era feo decirlo, pero le gustó el ciclón.

A salvo, sin nada que perder, toda la curiosidad y ningún miedo, ¿qué puede dar la naturaleza más fascinante que un huracán? Así lo creía también el tío y es siete veces más sabio que el niño.

Por fin, tarde, con la luz alta, pudieron salir. El refrigerador de doña Celeste estaba del otro lado de la calle, y la sala de la señora Cardín voló 500 metros. Los árboles de la plaza, las tiendas, los restoranes, los hoteles, el parque, el acuario, la paletería, la calle de los escondites, todo quedó lastimado. No había agua, faltaba comida, mucha gente tenía frío, muchos niños no tenían casa, el joven abuelito volvió a irse quién sabe a dónde.

Entonces sí, el niño odió al ciclón. Maldito ciclón.

Fue con su hermano a recorrer la isla en bicicleta. El hermano iba platicando como si las cosas no se vieran si él no las nombraba. El iba callado, es un niño callado, por eso le gusta pescar. Los dos trotaban sobre palos y ladrillos mirando los destrozos. A veces los árboles cayeron sobre el camino y no los dejaban pasar, a veces había gente levantándolos y ellos jugaban a pasar por abajo justo cuando la cuerda de la que jalaban unos hombres levantaba el árbol. Fue en uno de esos pasos cuando su hermano se abrió un hoyo en la frente. Nunca se sabrá bien si se atrasaron los levantadores o si su hermano se adelantó, el hecho es que dio con su cabeza contra el tronco del árbol.

Lo llevaron a la Cruz Roja, ahí le dieron cinco enormes puntadas con hilo negro y gordo. Todo entró dentro de lo mismo. Cuando crezca, alguien le besará la cicatriz del huracán. Mientras, volvieron a montarse en las bicicletas.

Querían ayudar, iban de un lado a otro con mensajes y penas ajenas. La escuela se convirtió en asilo, la isla en isla. Durante muchas horas, ni una sola palabra pudo entrar o salir de Cozumel. Estaban solos con lo que unos tenían para otros, con lo que nadie podía tener para nadie. Faltaban medicinas, cobijo, agua dulce, ayuda. Sobraban niños. Por eso ellos andaban en las bicicletas de un lado a otro, para notarse menos. Iban en las bicicletas cuando oyeron el ruido de un avión, de un gran avión, del primer avión que se acordó de la isla.

Poco después el mar recuperó los colores. La abuelita sacó al tucán de su escondite y tomó café con el abuelo que por fin se estuvo quieto un rato. El se fue con el tío Aurelio a una cresta en la punta de la isla a ver cómo el mar, exhausto, acaricia las rocas.

Desde lejos uno podía ver la cabeza morena y el cuerpo suave del tío Aurelio, acompañado por la espalda de un niño que pintó con grandes letras en su camiseta roja: "Soy sobreviviente del *Gilberto*".

Los recuerdos del tío Aurelio

Ahora el tío Aurelio es un hombre delgado que pasea como niño por sus recuerdos. No necesita cerrar los ojos para evocar jazmines y barcos, playas adelgazadas por el viento, ciruelas, miel, claveles y muertos sin razón. Evoca con la suavidad de la marea, con la paciencia del agua volviendo sin temor a lo mismo. Y regresa al recuerdo de sus padres contados por sí mismos, antes siquiera de que él pudiera verlos, regresa a la primera capital del inmenso puerto libre que fue el Territorio de Quintana Roo durante muchos años, regresa a Chan Santa Cruz poblado por un ejército implacable, en guerra implacable contra los implacables mayas. Regresa al galope de tiros y locura que fue la Revolución en esas tierras, al incendio de absurdos y esperanza que asustó su infancia. Regresa y me colma de anécdotas abrasadoras, mientras mira por la ventana de su casa, hacia el breve malecón que ilumina los ojos de quienes viven Cozumel.

Los padres del tío Aurelio llegaron de Líbano recién casados. El por primera vez al calor y la selva como asilo, ella por cuarta o quinta en sus breves dieciséis años. Había llegado a Cuba muy niña, con su madre, y había vuelto varias veces a Líbano para llevar a su abuela las ganancias de la tienda en Cuba. La última vez dio con un hombre capaz no sólo de quererla sino de compartir su espíritu agreste y aventurero: don Pedro el incansable, el vigía, el de la suave conversación, el mejor cómplice de toda su vida. Juntos volvieron a Mérida en busca de un hermano al que sabían enfermo. No hablaban bien el español, no conocían la tierra que pisaban y, sin embargo, la descripción de sus recuerdos cruza todo menos la sorpresa. Es como si hubieran estado habituados a los días desiguales y a los sobresaltos como único modo de vivir.

Estaban en Mérida a principios de 1907 cuando se anunció la visita del general Porfirio Díaz.

Por esa época, dice el tío Aurelio como si la hubiera recorrido, la blanca, limpia y noble ciudad de Mérida, estaba deslumbrante de belleza. Doña Guardía —que en español quiere decir Rosa— y don Pedro, sus papás, admiraban entusiastas los ricos preparativos para el recibimiento. Había arcos de flores y otras maravillas por todos lados, pero el más costoso y original fue un arco de cuadritos de madera que pusieron los chinos de la localidad. Doña Rosita —dice refiriéndose a su madre— no lo pudo resistir y fue hasta la estación del ferrocarril para ver llegar a don Porfirio. Lo vio lejano y de prisa subirse a un carruaje que lo llevaría hasta el Paseo Montejo, donde ya lo esperaban los hacendados con sus trajes de lino blanco, los importantes de la ciudad, muchas mestizas vestidas con ternos de belleza excepcional y los jaraneros con su pantalón de dril blanco, su camiseta de hilo de escocia, su mascada de seda en el cuello y sus jaranas bailadas una tras otra.

Doña Rosita llegó hasta ahí con sus dieciséis años, su lengua infantil, trabada aún de canto y recuerdos libaneses, sus ojos profundos y oscuros, su cabello lacio, sus manos ingenuas y febriles. Quería hablar con Porfirio Díaz. No le parecía difícil acercarse a él. Tantos otros se le acercaban. ¿Por qué no ella con su delgada figura valiente?

Se acercó decidida hasta los guardias tratando de librarlos, pero ellos la rechazaron con violencia. Insistió gritando: ¡Quiero ver al gerenal Dun Barfirio, quiero ver al gerenal Dun Barfirio! Entonces —dice don Aurelio— la oyó Carmelita Romero y llamó a su marido, quien se acercó a la expresión ávida de Guardía y le dijo:

—¿Qué se te ofrece, muchacha?

Ella le preguntó si era cierto que Santa Cruz iba a volverse un pueblo próspero, que si lo iban a abrir. Porfirio Díaz le dijo que sería una ciudad y le recomendó instalarse allá.

Luego supo que el interés por crear el Territorio de Quintana Roo se debía a que la Península de Yucatán trataba de independizarse de México para buscar la forma de ser un lugar rico —gracias al henequén— que no tuviera que vivir apegado a las condiciones de pobreza que reinaban en otras partes del país. Santa Cruz sería la capital del nuevo territorio.

Allá se instalaron. Para el 16 de septiembre de 1908, don Pedro y doña Rosita habían abierto una pequeña tienda en la que, además de objetos de primera necesidad, vendían comida caliente todos los días. El entonces coronel Aureliano Blanket y don Pedro eran amigos. Se reunían todas las tardes en la tienda que quedaba junto a la cárcel pública y frente al parque. Ahí jugaban dominó. Les hacía el tercio el mayor Luis Amado, famoso porque se prestaba para que otros militares practicaran el tiro al blanco cerca de su cabeza, sin aparentar temor a la muerte.

Aquel 16 de septiembre se organizó una gran parada militar frente al cuartel principal en el que había dos batallones al mando del general Ignacio Bravo, comandante máximo de los colonizadores de Chan Santa Cruz, por quien después el lugar se llamó Santa Cruz de Bravo. Como si no estuvieran en medio de la guerra y la selva, los militares hicieron un desfile impresionante, lleno de adornos festivos y con la tropa vestida de gran gala, metida en sus uniformes de paño negro: la infantería con franja roja, la caballería con franja verde, la artillería con franja azul. Los altos jefes, al igual que el general

Bravo, cascos con pelucas debajo, la del general Bravo era blanca, las de los demás negras. Todos con sus espadas brillantísimas, hombreras, caponas y demás lujos. Dos bandas militares hacían sonar sus instrumentos y había fuegos artificiales, castillos y cohetes.

Había otro cuartel al otro lado de la plaza. Era el cuartel de los operarios. Así se llamaba a los hombres enviados a Quintana Roo para cumplir un castigo. Entonces Quintana Roo se consideraba un penal abierto, los hombres castigados iban como parte del ejército, pero sin más paga que el probable paludismo, el encuentro con los reptiles venenosos y con los indios mayas, que no sabían las diferencias entre unos y otros recién llegados, y estaban en guerra contra todos. Muchos de los operarios eran revolucionarios, y le contaban a don Pedro en sus visitas a la tienda que ellos no eran simples operarios sino auténticos revolucionarios dispuestos a derrocar el régimen de Porfirio Díaz.

Los indios atacaban y eran atacados todos los días. Todos los días volvían al pueblo los soldados victoriosos o medio muertos, habiendo dejado una cauda de hombres desaparecidos para siempre en la barbarie de la selva y sus habitantes.

¿Cómo era posible que estando a cuarenta grados centígrados, en mitad de un territorio casi despoblado de mujeres o de pueblo simple al que deslumbrar con todo ese bombo, los soldados organizaran fiestas para celebrar una Independencia que los tenía metidos en aquel enjambre? El tío Aurelio no lo sabe. Sabe sin embargo que sus primeros recuerdos están ligados al brillo y la epopeya de esos días.

Al acabar el desfile, Blanket, Amado y don Pedro se sentaron a jugar dominó. Cerca de la mesita donde jugaban estaba parado un operario, un tipo guapo, elegante a pesar de su pobre indumentaria, alto, muy alto, delgado, atlético, con los ojos entre verdes y grises, el bigote grueso, alacranado y rojizo. Se acercó al oído de don Pedro y le dijo:

—Pedrito, no tengo ropa interior, fíame unos calzoncillos como otras veces.

Don Pedro dio un trago a su café y le dijo:

—Anda Solís, lleva lo que necesites. Nada te cuesta.

—Gracias, Pedrito —le contestó Solís en el momento en que don Pedro le decía a Blanket:

—Oye, ¿no le puedes dar un trabajo a Solís?

—Necesitamos un comandante de policía —dijo Blanket, y Solís quedó nombrado comandante de policía. Pasó así de no tener ni calzoncillos, a usar una chaqueta con tres bandas verdes en las mangas.

Por entonces doña Rosita tenía una sirvienta oaxaqueña muy guapa, tanto, que al verla Solís quedó terriblemente enamorado. Y ahí estaba el problema de doña Rosita —dice el tío Aurelio.

—Solís, déjame en paz a Jacinta —oía el niño decir a su madre cada noche.

Dos años más tarde triunfó la Revolución. De Chan Santa Cruz desaparecieron los federales, los operarios y una época destinada a no volver.

Por desgracia para Santa Cruz, el general revolucionario que tomó la ciudad tenía más de salvaje que de ideólogo. El general Arturo Garcilazo entró a Santa Cruz con una cauda de atropellos, cometió asesinatos, que el niño de entonces, el Aurelio de hoy, recuerda con horror y frialdad. Como si recordara una película, como si el tiempo hubiera convertido las pasiones y el miedo en una larga, seca, enumeración de sorpresas irreversibles. Dice:

—Había un hombre joven llamado Paredes, me cargaba y jugábamos al caballito. Un domingo en la tarde, vi que frente al parque había un cuadro de fusilamiento y que llevaban hacia él a mi amigo Paredes. Yo no sabía por qué lo llevaban. Vi que le quitaban su viejo sombrero de petatillo y que un militar lo empujaba dentro del cuadro. Paredes preguntó:

—¿Por qué me van a fusilar?

El militar le contestó:

—Porque te robaste ese sombrero.

—Pero, pero —alcanzó a decir Paredes.

Lo habían puesto frente al cuadro y el oficial ordenó el fusilamiento. Dispararon y cayó muerto. Vi que aún movía los labios cuando un teniente sacó su .38 y le disparó en la boca. Nadie nunca volvió a hacerme caballito.

Una mañana en un puesto de la plaza había dos españoles tomando refrescos. Enfrente estaba un rondón de soldados, un cabo y un sargento. El sargento le dijo al español en son de broma:

—Me invitas o te mato.

El español se puso de perfil con el puro en la boca:

—Ahora —le dijo sonriendo.

El sargento le disparó matándolo.

Todo esto lo vio Garcilazo y le preguntó al sargento por qué lo había hecho. El sargento le contestó con cinismo:

—Porque no me invitó un refresco.

Entonces Garcilazo le arrebató la pistola, la sostuvo por el cañón y con la culata le dio un golpe que le desbarató la cabeza. Otro día llegó a Santa Cruz de Bravo un joven árabe con treinta mil pesos en billetes de Banco para hacer un negocio. Un militar lo invitó amablemente a vivir en su alojamiento particular junto al cuartel. El árabe aceptó, y vista la confianza con que lo había invitado, en la noche sacó su dinero y se puso a contarlo frente al soldado. Ante tal tentación el militar sacó su mandoble y la emprendió a puñaladas contra el árabe que corría por la habitación ensangrentándola. Tras cometer tal barbaridad, el soldado se arrepintió y salió huyendo. Pero al poco tiempo se investigó el asunto y al saberse quién era el culpable, el general Garcilazo ordenó su inmediato fusilamiento. Se amontonaron las soldaderas en torno a Garcilazo, le suplicaron por la vida del soldado, lloraron y protestaron hasta las seis de la mañana en que debía realizarse el fusilamiento.

Aurelio el niño cuenta:

—Estaba yo sentado en el balcón de la casa cuando vi que por el parque venía cruzando, solo, uniformado de blanco con sombrero blanco saracof y capa negra, el soldado asesino. Lo pusieron a menos de diez metros de mi balcón. Oí la descarga. También Garcilazo, parado a unos dos metros de mí, lo vio caer. Su color rosado se volvió blanco primero, verdoso después. Pensé que se desplomaría. Pero dio la vuelta y caminó hacia otro lado.

Mientras todo esto sucedía, la tienda estaba cerrada. Se había ordenado el fusilamiento de todos aquellos que bebieran o vendieran alcohol. Así que mi padre y su dependiente vendían las cosas elementales desde la casa. Un día Félix, el dependiente, cometió la imprudencia de venderle dos botellitas de loción Kamanga a un soldado. Al sentirle olor a alcohol, su sargento le preguntó dónde le habían vendido aguardiente y zamparon a mi papá y a Félix en la cárcel. Salí corriendo a verlos, pero la guardia no me dejó entrar. Como mi hermano y yo siempre estábamos curioseando por el cuartel me sorprendí cuando el soldado atravesó el máuser y me vedó la entrada, pero no tuve miedo de aventar una patada y correr hacia adentro en busca de mi padre. Estaban encerrados, pero mi papá sonreía, sin culpa alguna. En eso entraron dos oficiales y se los llevaron al segundo piso, donde antes estaba el general Bravo. Ahí un soldado mal encarado le preguntó a otro jefe así:

—Mi coronel le pregunta a mi general si los fusilamos de inmediato.

—No—contestó el general y se quedó pensando.

—Cien o mil pesos de multa —preguntó Enrique Barragán indicando el camino.

—Cien y su amonestación —dijo el general.

Barragán era un joven inteligente al que don Pedro había ayudado alguna vez.

Quedaron libres. Don Pedro aprovechó el acontecimiento para recordar durante la merienda la noche en que el viejo general Bravo lo había metido a la cárcel: a las seis de la tarde

147

había habido una recalada de pavos y los hombres del pueblo salieron corriendo a dispararles para cenarlos. La tropa creyó que los indios mayas se acercaban y se organizó para una fiera defensa de la población. Cuando todo su pavor quedó helado por una veintena de hombres persiguiendo pavos, el general Bravo los llevó a todos a la cárcel y les puso un regaño considerable. Apoyado en su bastón terminó diciendo: agradece Pedrito que no te puedo arrestar como hice con Blanket cuando por su descuido quemaron a los indios en la panadería. Despues se rio y los dejó libres.

Se refería el general Bravo —dice el tío Aurelio— a la noche en que doce indios presos y listos para ser enviados a la ciudad de México, culpables de liderear a los indios que acabaron con dos batallones de mexicanos bien entrenados, se metieron a dormir a los hornos de la panadería y al día siguiente al calentar los hornos los panaderos, sin saber, los quemaron.

Tenía tiempo don Pedro para recordar otro lío en mitad de aquel enorme lío en que lo había colocado la Revolución y las huestes del general Garcilazo, que casi habían acabado de saquear Santa Cruz cuando por los ires y venires de triunfos y derrotas en otras partes del país, entraron al pueblo los generales Alvarado y Santos y el mayor Medina. Con ellos amistó pronto don Pedro, más aún con Alvarado, que era un hombre simpático y un buen conversador con el que don Pedro recuperó las tardes de cigarro y dominó con que inició sus días en Santa Cruz.

Un día el general Alvarado le dijo a don Pedro viendo las condiciones de aquel pueblo devastado en mitad de la selva, olvidado de Dios y del presupuesto federal:

—Pedrito, llévate toda la mercancía que quieras, y la que se te pueda echar a perder.

—Pero mi general —dijo don Pedro solemne.

—Yo para ti soy Salvador, qué general ni qué nada. Soy tu amigo Salvador. Y quiero ayudarte a sacar tus cosas de este hoyo hirviente.

Así se decidió don Pedro a dejar Santa Cruz de Bravo para irse a pasar el resto de sus días frente al prodigioso arrecife que cerca la isla de Cozumel.

Subidos en el buque de guerra llamado "Zaragoza", don Pedro, doña Rosita y sus dos primeros hijos vieron acercarse el perfume y la suavidad de una isla colmada de riqueza y esperanza.

Sola, alejando de sí misma hasta la compañía de su sombra, cubierta por una sombrilla, doña Rosita vuelve a los recuerdos de su hijo bajando del "Zaragoza" para buscar a los dueños de los pequeños botes que descargarían la mercancía. Porque entonces Cozumel no tenía muelle, y el gran buque de guerra no podía acercarse hasta su playa. Las pequeñas lanchas llegaron hasta el buque y fueron descargando los garbanzos, las lentejas, las habas y otros granos que la gente de Cozumel no utilizaba, más todo el frijol, el azúcar, el arroz y las conservas que les hacían falta. Todo se depositó en "La Brisa", un lugar frente al mar y sobre el malecón que con el tiempo llegó a cobijar la fantasía y los corazones de sus descendientes.

El niño Aurelio bajó del buque con los ojos más abiertos que nunca, más curiosos y ávidos de aquellos prodigios que de todo lo que había consumido su imaginación y sus delirios en la selva.

Encontró que en Cozumel la gente era buena, pacífica y trabajadora, que cultivaba la tierra y vivía de sus frutos, que había jícamas, yuca, sandía, melón, guanábana y otras delicias mezclando el aire con sus olores profundos y afortunados. La isla estaba llena de violetas, nardos, cocos, vainilla y miel de abeja. El niño miró la isla, olió la isla. La isla era un prodigio, tenía la calidez del vientre en que lo acunó su madre y la fresca sonrisa de su padre yendo y viniendo con el mar. La isla era un tesoro, un bien que la naturaleza hacía brillar en mitad del Caribe como brillan los ojos de una diosa. La isla era un regalo que la vida le daba siendo aún niño y no le alcanzaría toda su vida para dar con un regalo más entrañable. Echó a correr. Doña Rosita lo vio irse entre las calles hasta perder de vista su diminuta y voraz figura. No tuvo miedo, el niño sabría regresar, ningún maya se lo comería, ningún general vendría a fusilarlo, toda esa tierra cercada de azul la conocerían sus ojos mucho antes de saber cuáles serían los intrincados y anhelantes caminos de su corazón. Se fue corriendo y vio los pájaros, los flamingos, los peces asomando sus ojos al cielo, bajo el mar de cristal, los patos y los árboles, la luz y los pelícanos.

Comenzaron la vida otra vez.

La mañana de un día brillante apareció fondeado en la bahía un buque de guerra desde el cual llegaban a la isla los toques de corneta y los marciales pies de los marineros. Pronto se supo que de ahí bajaría el nuevo Gobernador y Jefe de Operaciones Militares del Territorio de Quintana Roo. En el improvisado muellecito de madera esperaban las autoridades de entonces: el Presidente Municipal, su secretario, su tesorero, su agente de policía, los allegados a las secciones sabatinas, algunos comerciantes. Alerta y entusiasta como siempre, estaba entre ellos un hombre delgado con sombrero de petatillo que se preguntaba sin imaginarlo quién sería el nuevo gobernador.

Del buque de guerra al muelle de madera se fue acercando una lanchita impulsada por remos sobre el mar suave y tranquilo. Alrededor otras lanchas se acercaban dando giros en torno a la principal, donde un hombre alto, con su bigote rojizo y su uniforme brillante, llevaba en la cabeza un kepí que en el centro ostentaba el águila del escudo nacional y varias estrellas. Aún en la lancha, el hombre aquel descubrió la figura entrañable, los ojos vivísimos de su amigo en las malas épocas:

—¡Pedrito! —gritó.

Don Pedro vio la estampa de aquel hombre y le contestó emocionado:

—¡Solís!

—General Octaviano Solís, Gobernador del Territorio de Quintana Roo —dijo muy serio uno de los oficiales.

Hubo un silencio. Octaviano Solís subió del barco al muelle y estrechó las manos de quienes lo recibían. Luego le dio a don Pedro un abrazo largo y le preguntó:

—¿A dónde vamos?

Las canciones de don Aurelio

Cuando avisan que viene un huracán, don Aurelio camina hasta una punta de la isla verde y sosegada que lo ha visto vivir y se deja tocar por el prodigio que hace crecer las olas como barcos y le alborota los recuerdos, como sólo podrían alborotárselos quienes hace rato volvieron al impune quién sabe dónde del que venimos. *Dos dobles y un sencillo: barco de vela de dos palos.*

¡Vela! ¡Vela! Gritaban emocionados los escasos habitantes de Cozumel al escuchar los tañidos de una campana de bronce que golpeaba festivo el celador aduanero.

Mientras el mar crece, el código inventado por el viejo Cocho, un alegre y remoto vigía de su juventud, se repite arbitrario en sus recuerdos y anuncia con cada ola una embarcación distinta: *Canoa de dos palos, pailebot, balandro de un palo.*

El mar siempre despierta los recuerdos, por eso don Aurelio los tiene agolpados en el cuerpo y a veces le parece que ayer tenía seis años, apenas había cumplido la edad para entrar a la escuela.

Donde ahora está una tienda de frutas, en 1915 estaba la única escuela, con su único maestro, el profesor Chano, un hombre de bigote alacranado y canoso que se hacía cargo de todo. Desde el grupo *cacahuates* como se llamaba a los más chicos hasta el cuarto y último año en el que se mezclaban los niños de once a quince años.

Don Aurelio se puso a llorar cuando su padre le soltó la mano y lo dejó solo bajo un montón de ojos que lo miraban como si fuese un pájaro raro. Sólo él tenía zapatos y medias, unas medias que se anudaba en las rodillas porque le quedaban flojas y que se le caían haciéndolo tropezar hasta que su padre le compró unas ligas en la tienda de don Darío Bartolomé.

Con otra ola vuelve a entrar en aquella mercería. Don Darío era un español que siempre había trabajado como guardafaros, hasta que harto de soledades, pero cicatero y triste para el resto de su vida, decidió instalar su tiendecita en Cozumel: caramelos, tijeras, ligas, lápices de colores, canicas, juguetes de hule para los bebés, espejitos, peines, peinetas. *¿Alguna vez la cabeza de su madre estuvo cruzada por una peineta que compraron ahí?*

Le fue muy mal a don Darío. Aunque heredó una fortuna de un pariente cubano y se trajo de Nueva Orleans todos los muebles para montar su nevería, aunque compró la más cara máquina para hacer hielo, se tiró al mar don Darío. Se lo comieron los peces.

Las olas crecidas le traen olores de antes, olores de cuando su isla era siempre fresca de tantos árboles que tenía.

Miles de aves migratorias revoloteaban sobre su pueblo haciendo un ruido inolvidable. Patos de Florida y Canadá, gallinolas, flamencos, cocos, grullas. Y en alto vuelo en "V", parvadas que decían eran de gansos.

En el mar de entonces había más caracoles, había pulpos de hasta dos brazas, calamares de treinta centímetros, y tantos criaderos de langostas gigantes que abajo de las piedras, en la orilla, podía uno ver que se asomaban sus bigotes de todos tamaños.

En aquel Cozumel de tres mil habitantes la gente se divertía con un fonógrafo que adquirió categoría de vitrola. El sonido de su música cruzaba el aire en la memoria austera de los marinos que guiaban las velas de unas embarcaciones cargadas con piña, con ciruelas, con mangos.

De Cozumel a Progreso, la mejor fruta del mundo viajaba con ellos por tres días en sus barcos de vela, perfumando el cielo con el olor de una isla tan permisiva y audaz como su inocencia.

En el centro de esa isla, en noviembre de 1940, don Aurelio se enamoró de una mujer con sonrisa de claveles y ojos de luna tibia. Se llamaba Carmita. Aún se llama Carmita cada vez que la evoca.

No han crecido las olas desde que ella no está. Pero las olas crecen todos los días en el ánimo prófugo de don Aurelio. Y la recuerda...

Noviembre de 1940. La primera autoridad política de aquellos años dóciles era un general Gaspar Allende Arellanes que se ostentaba héroe de la Revolución y era cuñado del entonces gobernador de Quintana Roo.

Para diversión gratuita del pueblo se habían creado en Cozumel los "Sábados Socialistas". Con los trabajadores se formó el partido "Juventud Obrera". Pero aún bajo el rigor autoritario del general Allende, la milagrosa voluntad festiva de la isla florecía cada fin de semana y transgredía el ritual con su fiebre y sus dichas.

A las ocho en punto de la noche, lo anunciaba el programa como si fuera una sorpresa, el vals *Dios nunca muere* apaciguaba el aire. Después, también inevitables y puntuales llegaban los "Veinte minutos de conferencia por don Gonzalo de Jesús Rosado Iturralde".

Era un fastidio su discurso, nadie lo escuchaba: porque no le importaba a nadie, porque no se le oía nada, y porque todo el pueblo sabía que don Gonzalo era un fiel intérprete del general Allende, que cuando le ordenaba alabar a una persona don Gonzalo la elevaba a las blanquísimas nubes que palpitaban sobre la isla, y cuando le ordenaba criticar a alguien lo descendía primero a la banqueta y luego poco a poco, durante los eternos veinte minutos que seguían, lo iba convirtiendo en el polvo en que alguna vez habría de convertirse.

Cuando don Gonzalo terminaba de hablar, la gente le daba un aplauso frenético y agradecido con el que celebraba que al fin hubiera terminado.

Después seguían actores improvisados, una colección de cantantes que debieron nacer mudos, otra de bardos empeñados en pregonar sus secretos adueñándose la poesía de otros.

Al último aparecía el cuadro cómico "Escarlata" gracias al cual las poéticas penas se volvían carcajadas, y cuando por fin daban las once todo era volcarse a quitar las bancas para que el amplio salón "Luz" se convirtiera en el salón de baile con el que habían soñado toda la semana los cuerpos ávidos y bien trajeados de los jóvenes, la piel brillante y dúctil de las mujeres que entre sábado y sábado no eran sino quimera.

Ellos de azul marino, ellas de seda y alivio se movían acallando el desafío que ardía en el aire.

¿Quién será la que me quiera a mí?

Carmen: *Con el fulgor de una estrella iluminaron tu cara.* ¿Bailas conmigo? *Te quiero tanto, te quiero porque conmigo eres buena.* Carmen, Carmela, Carmita. *Como una sombra iré. De la luz vengo en pos.* Carmita, Carmela, Carmen. *En la noche de su amor, te canta el trovador, porque sin ti ya ni el sol.* Carmita *óyeme y calla.* Carmen, *tus ojos bonitos,* Carmen, *tus ojos sensuales.* Carmen yo *te soné anoche, con tu belleza rara.* Carmen, Carmen, Carmencita. *Soy soñador que persigue una inútil promesa.* Carmen, Carmelita buena *yo sé que hasta has deseado que te venga a rogar.* Carmita, Carmen, *si como dicen es cierto que vives dichosa sin mí.* Carmen, Carmita, *sin ti es inútil vivir.*

Por órdenes del general Allende, a principios del mes se anunciaban las fiestas patrias y se propagaba que nombrarían a las muchachas más distinguidas como embajadoras o reinas de las festividades del 20 de noviembre, mismas que el mentado general celebraba como si él mismo fuera don Francisco I. Madero.

Una mañana don Gonzalo, el del discurso, se presentó a visitarlo. A veces don Aurelio le mira entre las olas y aún se muere de risa.

Llegó con un cuaderno bajo el brazo, con los hombros erguidos y un ademán de poder y amenaza que cuando empezó a combinarse con su tediosa voz hacía todo aún más ridículo.

—Vengo en nombre de nuestra máxima autoridad, el general don Gaspar Allende Arellanos para saber con cuántos votos va usted a contribuir a favor de su novia la señorita Carmen Domínguez.

Carmen: *tu amor será siempre mío. ¿Quién me lo puede quitar?*

—Yo votaré por todas, no sólo por ella. Dirán que estoy comprando votos contra las demás.

—¿Así es que ninguno? —preguntó repentinamente empobrecido don Gonzalo el de los discursos.

—Ninguno. Yo votaré por todas —contestó el novio de Carmen Domínguez.

El general Allende se acomodaba a mascar tabaco a media plaza. No le gustaba demasiado la presencia del mar. Era un hombre de cerros.

—¿Ninguno? —preguntó al oír el parte de don Gonzalo.
—Está bien así. Ya veré yo que ella no tenga tiempo de bailar ni una vez con éste.

Carmen. *¿Si la senda del vivir no conduce a donde estás?*

Llegó el 20 de noviembre. El salón "Luz" anocheció adornado con palmas de coco, guirnaldas, flores, banderitas, globos. Lo señoreaba una magnífica orquesta.

Así lo cuenta don Aurelio. Será porque así era.

Esa noche él llegó al baile una hora más tarde porque estaba haciéndose cargo de los despachos aduanales del vapor de la "United Fruit Company", que iba a Cozumel a cargar chicle.

Entró al salón y quiso ver desde lejos a la gente y sus afanes. Se recargó contra una mesa de billar. Era delgado, tenía el cabello oscuro y los ojos indescifrables como el desierto que abandonaron sus padres. Tenía las manos largas, los brazos largos, el cuello largo. Era flexible y apuesto como un príncipe robado a *Las mil y una noches*.

Carmita lo vio desde lejos y le mandó hablar cuando terminaba la pieza bailable. Entonces le avisaron al general Allende que había llegado el novio de la señorita Domínguez. *Rival de mi cariño el viento que te besa*. Enseguida dispuso que llevaran a todas las embajadoras hasta donde iban a servirse los bocadillos. *Rival de mi tristeza, mi propio corazón*.

Todas las embajadoras obedecieron las atentas órdenes del general. *Mis labios temblarán el día que te alejes*.

La única que no aceptó bajar, fue Carmita.

—Ella me esperó —dice Don Aurelio como si el agua le mojara los pies un día hirviente. Yo *sé que no he de hallar, otro cariño igual*.

Pasaron los días. Don Aurelio evoca sus visitas diarias a la casa de Carmita y cierra los ojos tardes enteras. *Por eso en mi vida, con sol y con luna, sólo brilla una, y esa una eres tú*.

Una mañana hubo fiesta como a las once por allá por la casa de Mac.

—Yo no lo supe —dice don Aurelio— pero fue mi hermana Esperanza.

A Esperanza le decían Lanchin y tenía virtudes de Sherezada. Le contó a su hermano todo lo que había pasado en la fiesta y de lo que se había perdido. Le contó que ahí estaban Carmita y sus ojos, le contó que todas las muchachas habían bailado y que Carmita se había negado a bailar cuando la invitaron. Pero que ella, con la autorización que le daba ser hermana de su novio, le había dicho que no despreciara al señor Buloa, que bailara con él aunque fuera un poco. Que entonces Carmita había aceptado bailar una pieza, pero sólo había bailado un pedacito.

Por la noche don Aurelio llegó a su visita.

—Si vieras qué bonito me quedó el vestido de bodas —dijo Carmita con su voz de cristales y su gusto por aquel hombre brillándole en la piel.

Sabor de engaño siento en tus ojos.

—Voy a buscar tijeras para despedazar tu vestido —le contestó su Aurelio con el vértigo de celos que le enredaba el corazón.

—Me fui —recuerda—. Estaba furioso, caminaba de prisa, odiando hasta el aire. *Aquí dentro de mi alma está lloviendo.* Hoy me río de las torpezas que causa el amor. Pero entonces. ¿Quién puede explicar lo que me recorría entonces? *Sabor de engaño siento en tus labios.* Qué locuras comete uno dizque en nombre del amor.

Después de un rato de andar, me detuve y razoné.

—¿Y si está llorando? —se dijo avergonzado. ¿Quién se creía? El, que fue *mariposa de mil flores.* El, mal juzgando. El, de regreso a golpear la puerta, arrepentido.

Estaba abierto. Entró despacio, dispuesto a sobrellevar la escena que se merecía, dispuesto a oír los reproches, los sollozos y el diluvio de lágrimas que había provocado.

La encontró corrigiendo sus tareas escolares, cuidadosa y perdida en la suma de un niño distraído. Movió una silla para hacerse notar. Entonces Carmita levantó la vista del cuaderno y dejó correr su risa.

—Sabía que vendrías, que te comerías el orgullo de puro arrepentido. Bien que te conozco, por eso yo te adoro.

Si la vas a juzgar corazón, nunca pienses que ella es mala, si es valiente y te comprende, no la pierdas, corazón.

Al día siguiente fueron al baile. Se tocaba mucho la canción *Amor perdido.* Y nomás para guardar el recuerdo de su único desacuerdo, la volvieron su canción favorita.

Después, se casaron tuvieron hijos, nietos. Tuvieron todo eso que no cuentan los cuentos. Hasta el amor repetido y el tedio de a ratos. Hasta la complicidad sin agujeros de quienes viven juntos el miedo callado a verse viejos.

La vida de su isla fue cambiando. La de ellos no cambió demasiado.

En las noches veían televisión para darse un pretexto que los sentara a conversar de todo. Así estaban al final de una jornada entre semana cuando Carmita que se reía de unos cómicos bajó sus ojos.

—¿Miras Aurelito? —le preguntó a su marido—. ¿Qué me estará pasando?

La trajeron a la Ciudad de México. Le hicieron todos los análisis que la inútil modernidad exige para saber lo que don Aurelio supo desde la primera noche.

¿Fibrosis pulmonar? Qué nombre sordo.

Cuando la tuvo de vuelta con todas las razones de los médicos, don Aurelio intentó contradecir lo que el silencio junto a las olas le sugería

—Ven, Carmita. Te llevo a andar en coche. Vamos al Cedral que hay fiestas.

Eran las diez de la mañana. En el Cedral ella se bajó del coche y se santiguó frente a la iglesita. Después, como el aire invitaba a fiestear con él, le dieron la vuelta a la isla muy despacio.

Al llegar cerca del faro de Celarian, a don Aurelio le vino a la cabeza una canción de antes. Ahora dice que no sabe cómo, pero no acierta la casualidad sino el empeño.

...Si como dicen es cierto que vives dichosa sin mí.

—Bobo —dijo Carmita riéndose.

—¿No te vas a ir a Mérida sin mí? —le preguntó don Aurelio.

Soy prisionero del ritmo del mar, de un deseo infinito de amar, y de tu corazón...

En la noche vieron una película con la que ella volvió a reírse. Se llamaba *La parada de los choferes.*

Cuando terminó la función y salieron a la calle, don Aurelio la vio contenta. *Por eso novia envidiada aprisionarte quisiera...*

—Llegamos a la casa. Ella cenó una Coca Cola y un pedazo de pan. Yo tomé café.

Al día siguiente se fue para Mérida. Don Aurelio no iba con ella. Se quedó en la isla. No ha vuelto a verla.

Por eso ahora la busca entre las olas. Qué consuelo las olas creciendo, las olas ayudando a sobrevivir con la cordura a cuestas.

Carmita, Carmen, *mándame un huracán que haga crecer las olas, y no te muevas nunca de la espuma que dejen en la orilla...*

Fantasmas en el puerto

Sólo porque Machado las quería y Serrat les canta, son tolerables las moscas que zumban en los cuatro metros cúbicos de mi estudio. Habiendo tanto espacio en el mundo han de acabar mirando el amontonadero de libros y fotos que me cerca: *Moscas del primer hastío.*

¿Qué sería de nosotros si los caminos de nuestra cordura no hubieran encontrado puertos libres a los que asirse? A pesar de los zumbidos y el cercano ruido de la cocina, este cuarto que no alcanza el uno y medio por el uno y medio, tiene a veces la magnitud de un puerto y a veces me concede la libertad. Esta cajita de zapatos, este Volkswagen con dos máquinas de escribir, estacionado siempre en el mismo lugar de la calle Gelati recibe embarcaciones de todas partes, y cobija lo que le van dejando.

Tengo secretos y profecías escondidos en él, tengo la foto de Carlos Mastretta, abrazándome mientras me enseña el horizonte, tengo la risa de mi madre a los doce años y la de mi hija a los seis, tengo al doctor leyendo en la redacción de un periódico y a mi hijo con la lengua de fuera pedaleando un triciclo. Tengo a mi hermana muy seria con un sombrerito de paja y flores, zapatos de charol y guantes blancos. Tengo al mar de Cancún y todas las mañanas miro el asombro con que abrazo una enorme langosta en Cozumel. Tengo una mesa con las patas que fueron de la máquina de coser, y un barco que pintó Mateo junto a un arcoiris irregular y voluntarioso que me regaló Catalina. Tengo secretos y profecías en este cuarto y a pesar de que le falta horizonte y uno sólo oye el mar de vez en cuando, es un puerto libre. Aquí tengo el aparatito Sony desde el cual emprendo viajes a Venecia y Polonia, a Viena en 1891 y al México de 1943. Trabaja todo el día y me acompaña en las tardes opacando los gritos de los niños y en las mañanas quitándole al silencio la resequedad. En las noches le subo el volumen y bailamos con Juan Luis Guerra o con el nuevo rock que mece las cabezas de estos adolescentes prematuros que son los actuales niños de ocho años. Una cómplice me graba casetes de noventa minutos con la suave revoltura de canciones a las que agrupa bajo el título de "Música para locas". Esos los oigo en las madrugadas o cuando el desierto quiere meterse a señorearme la vida.

La libertad de este puerto blanco en el que apenas cabe el ruido de la máquina cuando la tecleo, me asusta a veces porque no siempre depende de mí, sino que se abre a la llegada de naves y abrazos que creí perdidos para siempre. Tuve un amigo español que se llamaba Ignacio y sonreía como el ángel de Huidobro. Una tarde lo perdí con la llegada de un télex avisando su muerte. Sin embargo, vuelve a veces cuando sólo él sabe que hace falta. Es difícil la amistad entre hombres y mujeres, casi siempre se interponen las ganas de besarse o la certidumbre de que será imposible decirlo todo antes de que el otro levante los hombros y empiece a hablar de la situación política. El fantasma de Ignacio es mi amigo, huele a café y tabaco igual que cuando estaba vivo, y reconoce mi estupidez con mejor tino que antes.

—Sigues fumando, te vas a morir ahogado —le digo cuando entra.

—En cambio tú te vas a Nueva York, pura vida —me contesta.

—No jodas.

—No hagas como que te mueres —contesta—. Y si estás de malas ya me voy.

—No, no te vayas, quédate a oír el Adagio de Albinoni.

—Claro que me voy, es tristísimo. Ya tengo suficiente con estar muerto.

—Quédate, pongo otra cosa ¿Ya oíste la que dice: "pobre corazón que no atrapa su cordura"?

—Ya, pero detesto que te hagas la loca. Tú y tu corazón son más cuerdos y más implacables que el tiempo.

—Si tú lo dices. De todos modos me gusta la canción de las burbujas y el pescado, el corazón y la luna.

—Eso a todo el mundo. Ha pegado en todas partes. Tu papá la anda cantando noche y día

—¿Ves a mi papá? ¿Cómo está? Este año cumpliría ochenta años.

—Está bien. Sabio y silbador. Cómo silba tu papá. Me gusta encontrarlo para fumar.

—Ignacio, qué irresponsables, por eso se murieron.

—Eso creen ustedes —dice poniendo su mano sobre mi cabeza.

—Entonces, ¿por qué se murieron?

—Porque sí.

—Necios. ¿También Pereyra sigue fumando?

—Claro, y comiendo postres. ¡Qué inteligente es Pereyra!

—¿Verdad? Lo extraño, ya nadie se interesa por mis postres.

—No te quejes. ¿Por qué lloras? No te puede uno visitar sin que llores. Tiene razón tu papá.

—Mi papá. Nada más faltaba que le dieras la razón a mi papá. Se murió a destiempo. Y tú también. Tú también, Ignacio.

—Yo también. Le diré que sigues enojada. Tu corazón es cuerdo. Adiós.

—Ignacio, no hemos empezado a hablar. ¿Mi corazón es cuerdo? Sí. Quisiera ser un pez. Ni te sabes la canción, dices que sí porque te crees el muerto y los muertos todo saben. Mi corazón es cuerdo: eso creen ustedes.

Cuando se va, el puerto vuelve a quedarse blanco y mudo, indiferente y angosto. Este puerto sólo a veces oye el mar. Este puerto es tan libre que nadie pide permiso ni para entrar ni para irse. Algunos barcos sólo vienen al puerto para sacarme de su privadísimo bullicio.

Muertos de todos nuestros días

Aparecen de pronto aunque no sea noviembre, aunque no tengamos sino lo mismo para su ofrenda, aunque sepan que maldecimos su nombre por haberse marchado, aunque estén hartos de venir siempre que les lloramos, aunque ya nada nos deban.

Así es cón los amores y los muertos. Los míos, como tantos, regresan.

Siempre, aun cuando no los llamo, vuelven. A veces me amonestan, otras me escuchan, las más simplemente se ponen a mirarme.

Intervienen mis sueños, bailan dentro de mis secretos conociéndolo todo. Se burlan de mis miedos, me asustan recordando lo que creía olvidado.

Los míos son menos drásticos que los muertos de Juan Rulfo y menos enigmáticos. Esto no quiere decir que puedo manejarlos a mi antojo, pero sí que además de venir cuando ellos quieren, suelen venir cuando los llamo y entender el presente y hasta explicármelo.

Supongo que algo así le pasa a todo el mundo, que aquellos que han perdido a quienes fueron tan suyos como su índole

167

misma, los evocan a diario con tal fuerza que los hacen volver a sentarse en la orilla de su cama, a seguirlos con la vista desde una fotografía, a pasarles la mano por la cabeza cuando creen que la vida es tan idiota que no merece el cansancio.

A veces mis muertos regresan para mezclarse con vivos que ya no son los mismos, para acunarse entre ellos, y engañarme.

La niña que se deja ver frente a mi escritorio está sentada en las piernas de su papá. Cabe toda completa en el ángulo abierto entre las rodillas y el pecho de ese hombre que debe tener como treinta y siete años, pero él la aprieta contra su cuerpo para que no se caiga. Con el otro brazo extendido hasta el índice de su mano señala algo que aún tiembla en la distancia.

Hay agua en aquel horizonte, una inmensa laguna clara frente a los ojos de la niña y el eterno temor que su padre siente por lo imprevisto. Pero ella está segura como nunca de que él todo lo puede y a ella nada la daña mientras lo tenga cerca.

A veces mi padre, cuando vuelve, trae con él a la niña. A veces viene a buscarla y encuentra sólo a la señora medio insomne en que me he convertido. Mi padre viene mucho, porque lo llamo tanto que no he dejado que se vaya. Al menos eso dicen quienes creen que los muertos pueden irse a algún sitio más lejano que éste en que nos acompañan.

—Déjalo irse a la luz —me dice una mujer que habla como si alguna vez hubiera estado ahí. —Déjalo descansar, ya no lo llames.

Por supuesto que no le hago ningún caso. Nada más eso me faltaba, que además de haberse ido de la sombra en que estábamos juntos, tenga que irse a la luz y dejarnos vivir sin su muerte cercana y su risa invocable cada mañana.

No queda más remedio que aceptar que está muerto, pero de ahí a tener que aceptar que no esté, que desaparezca de mis deseos y mis trifulcas, que no me ayude a pensar, que pueda no escucharme cuando me quejo de algo o de todo, que no me haga el milagro que necesito a cada rato, que no mire crecer a mis hijos y no critique mi manera de preparar el spaguetti, hay un abismo que no voy a permitirle cruzar.

Mi abuelo materno también recala por aquí con frecuencia. Se llamaba Sergio Guzmán y era médico como su padre y simpático igual que su madre. La semana pasada desperté a media noche riéndome por quién sabe qué cosa que este abuelo me contó suspendido en un rato de sueños. Le agradecí la risa que me trajo porque me estaba haciendo falta. ¿Cada cuánto tiempo nos permite la fortuna una risa tan libre de ironía y adultez?

Me encantaba mi abuelo. Aún me gusta en las piernas largas y el olor en el cuello de un hombre que vive conmigo quién sabe por qué. A lo mejor nada más porque me río en las noches y no le cuento la razón.

Renato Leduc sale a veces de la caricatura en que lo pintó Naranjo y me hace la visita llenando con su voz los cuatro metros de mi estudio. De cada bolsa le brota una pierna de mujer que usa zapatos rojos de tacón alto, como decía él que usaban siempre las mujeres ardientes.

—¿Ahorrar? —me preguntó la última tarde en que lo ví. —¿Siguen en eso? —vuelve a decir y suelta una risa de toda la cara. —¿Y para qué chingados?

—No te vayas —le pido cuando me da la espalda. Pero él se esconde y regreso a la pared de la que cuelga.

—Renato —digo— mañana es lunes, ven, cuéntame cómo eran los cabellos ensortijados y brillantes de la pintora que una vez fue tu esposa. Cuéntamelo todo de nuevo —le pido. Pero él se va. Y es lógico, nunca se estuvo quieto, ¿por qué ahora?

Mi amiga Cinthia siempre pasa con prisa. Pienso que como era bailarina debe andar en lo mismo. Tenía unos brazos como alas y una plegaria en el gesto con que bailaba. Quién sabe a quién le pediría qué cosas. Quién sabe si encontró su anhelo en otra parte. No me lo ha dicho.

Creo que cada uno de nuestros muertos se da una tarea distinta. A veces, simplemente acepta la que le asignamos. Mi tía

Alicia me censura tras el espejo, Manuel Buendía me elogia la distancia que les he ido tomando a los periódicos, Carlos Pereyra me regaña cuando uso demasiado la primera persona. Este texto, por ejemplo, le parece deleznable.

—¿A quién le importa tu privadísima relación con los muertos? —dice sobre mi espalda.

Hay quienes litigan con sus muertos. Sé de una mujer que el dos de noviembre guisa para todos los parientes que ha ido perdiendo, y sirve una larga mesa en la que sienta a los vivos entrecalados con los muertos. Va poniendo platos llenos en todos los lugares, hasta que llega al que solía ocupar su marido, entonces sirve un plato para ella y le dice al mayor de sus hijos:

—Ven a servirle a tu papá, porque yo a ese no le debo nada. Y si no fuera por ustedes, ni lo invitaba.

Después se sienta a la mesa y antes de empezar a comer le dice al aire: come si te parece y si no te gusta lárgate que ni haces falta.

Se necesitan bríos para este tipo de litigios, yo no daría ninguno. Los muertos están para ser nuestros cómplices o para morirse de verdad.

Memoria y acantilado

¿Es en junio o en julio el día del padre? Lo han de saber los inventores de la fecha. Cuando mi padre murió hace veintidós años no existía el día del padre, y desde que está muerto, yo festejo todos los días el día del padre. No le compro regalos, pero converso con el atisbo de sonrisa y la continua duda que hay en el gesto del retrato en que lo busco.

Me pregunto si habrá una edad en que las huérfanas dejen de buscar a su padre. Porque cualquiera está dispuesto a compadecerse de una niña, de una adolescente, hasta de una joven que ha perdido a su padre, pero una cuarentona con la orfandad a cuestas es más patética que conmovedora. No crean ustedes que no lo sé, pero tampoco crean que el saberlo me ha servido de algo. Toda yo, con todo y mis deseos y mis recuerdos, acudo como al agua al dolor de ser huérfana.

A veces voy por la calle cantando una canción o jugando con mis hijos a encontrar figuras en las nubes, y de repente ahí están, como en un sueño del que no gozan suficiente, un papá y una hija conversando de nada, una hija y un papá haciéndole al futuro un guiño al despedirse, un papá que lleva a su hija a comer fuera, una hija que acaricia la nuca de su padre vivo como un tesoro, un papá y una hija que no saben el lujo que es tenerse ni mal sueñan el precipicio de perderse.

Entonces me atormenta la más cruda envidia, la envidia que provocan quienes tienen papá y juegan o desperdician sin recato el placer de tenerlo.

Tener papá siendo adulto debe ser como andar por la vida bajo un paraguas inmenso, como poder caminar sobre el océano, como encontrar la olla de oro al final del arco iris, como haber escrito ya las treinta novelas que me gustaría escribir.

No sé, pero hace mucho tiempo imagino que tener de vuelta al abuelo de mis hijos sería existir de otra manera y asirme a la existencia del modo más seguro en que uno puede asirse.

Tal vez la pena sería menos intensa y la pérdida más fácil de aceptar si yo hubiera acabado de hacer las cosas que las hijas deben hacer con sus padres, mejor dicho, si hubiera podido al menos empezar a decir las que mi torpe lengua de adolescente no llegó ni a pensar.

Yo tengo siempre a disposición de mis propios oídos o de quien quiera oírme, una larga serie de cosas que no dije y otra de cosas que no hice por mi padre. Habitualmente me las callo, pero a veces me salen en los momentos más impropios y agobio a gente que me mira con ganas de no volver a verme, o a gente que pena penas mayores y por lo mismo tiene piedad de mí.

La penúltima vez que acudí al oculista, al terminar la revisión de rutina, el buen hombre tuvo la audaz idea de preguntarme, aparte de mis ojos, cómo me encontraba de salud general.

—Pues mire —le dije—, hace una hora que salí de mi casa, justo al cerrar la puerta, tuve la precisa sensación de que mi padre, que murió hace veinte años, había muerto hacía un minuto. De lo demás estoy bien.

El doctor me había visto dos veces antes de aquélla y hasta ese momento se había creído mi oculista, no el encargado de mi terapia psicoanalítica. De cualquier modo me puso la mano en el hombro y dijo:

—Me alegra que de lo demás esté bien.

No volví a visitarlo en cosa de año y medio. Nuestro siguiente encuentro pudo ser de rutina; sin embargo, al verme en la antesala me abrevió la espera, me hizo pasar a su despacho y se sentó conmigo en uno de los sillones para los pacientes.

—¿Se acuerda de mi esposa? —preguntó—. ¿La señora que me ayudaba a llevar la consulta?

—Claro —le contesté, recordando la calidez de aquella mujer delgada y guapa

—Murió de repente —me dijo, desde una tristeza como pregunta.

—Pobrecito —dije abrazándolo—. ¿De lo demás cómo está?

Luego nos miramos como dos viejos amigos y desde entonces somos amigos.

Así me pasa de pronto. Hace poco, en un restorán italiano, mientras tres músicos devastaban *Torna Sorrento,* solté mi desconsuelo sobre el spaguetti y aún no me recupero de la vergüenza que les hice pasar a mis escuchas. Hoy me encuentro con este puerto libre abierto al barco de mis recuentos y no creo que pueda callármelos. Sin embargo, tenemos todos la suerte de que puedo avisarlo a tiempo y el que no quiera ver cómo bajo mi carga, queda libre para irse a otra parte, sin necesidad de que intercambiemos disculpas.

Sigo entonces: de todo lo que no dije cuando aún se podía, ahora lamento antes que nada no haber dicho:

* Papá, no importa que no seas rico.
* Papá, ya entendí por qué no eres rico.
* Papá, cuéntame de la guerra, y de las otras cosas que te duelen.
* Papá, en un tiempo más no tendrás que mantenernos. No cometas la estupidez de morirte, porque el resto será la mejor parte. Será un premio la vida que te falta.

* Papá, tú mismo eres un premio, y yo sé de la fortuna que es tenerte.

Podría seguir, pero no sería justo poner en esta lista las cosas que no dije porque no las sabía o no me habían pasado. Los deudos acabamos sabiendo mucho más de quienes vivieron a nuestro lado cuando ya no podemos conversarlo con ellos. Es más: uno de los primeros modos de establecer algún tipo de conversación con nuestros muertos es buscarlos en el pasado que no les conocimos. Otro es reandar los caminos que fueron suyos y que no compartimos. De esas dos búsquedas he obtenido miles de preguntas, reproches y noticias. Les diré sólo algunas de aquellas con las que he perdido mi tiempo acosando los ojos del inexorable retrato que todos sus hijos, y por supuesto nuestra madre, tenemos repetido en algún sitio de cada casa:

Papá, ya conozco las colinas del Piamonte. Fui con Verónica. Visitamos la casa que te heredó el abuelo cuando creyó que tú serías el único de sus hijos que se quedaría a vivir en Italia. Nos enteramos por los compradores de que tú les dijiste que la vendías para comprarte una en México, que era el país en el que naciste y en el que finalmente vivirías el resto de tus días. No creas que nos preguntamos en voz alta por qué no te compraste la casa en México. Ambas lo sabíamos ya y lo conversamos en la noche: lo usaste para reponer el dinero que te prestaron cuando se te ocurrió meter a Puebla la marca FIAT y tus amigos inversionistas quisieron ganancias el primer año.

También comimos en el restorán donde aún hacen los raviolis que según la tía Angelina eran tus preferidos. Son una delicia.

Papá, los italianos se volvieron exitosos y Roma es una de las ciudades más caras del mundo.

La virgen del Duomo, la Piazza Fontana y la Avenida Italia han vuelto a ser hermosas y señoriales, ya no son un hacinamiento de muros chamuscados. Non priocuparti piú.

La Fonda de "Michelé", donde tantas veces hiciste cola para obtener tu ración de coles hervidas y arroz pegajoso, se convirtió en un restorán muy elegante, a mitad de la calle Olmetto.

En la Piazza Ludovica, donde tomabas el camión que daba tumbos hasta Stradella, hay una boutique de ropa para mujer en la que un vestido cuesta más caro que un Volkswagen.

¿En qué acabó el viaje del Liberty Ship que te llevó de Nápoles a Nueva York? ¿Metieron preso al cubano que se le escapó al capitán en Gibraltar? ¿Supiste qué hacía el conde de Montebello, primo del rey de Italia —según escribiste—, en la misma lata de sardinas que te sacó del hambre? ¿Cómo fue que sólo escribiste ocho días del diario sobre tu regreso a casa? ¿No bien dejaste de ver el Mediterráneo y caíste de tal modo en el presente que ya no valió la pena ni registrarlo?

La tía Angelina, tu prima, nos enseñó una carta que les enviaste a tus parientes italianos en 1969, veinticuatro años después de dejarlos. ¿Por qué, si los querías tanto como dice la carta, tardaste más de veinte años en escribirles?

¿Hubieras podido irte tras veinte años de vivir con nosotros y no escribirnos más?

¿Supiste que la mujer que fue tu novia durante la guerra se volvió borracha? Ya te habías muerto cuando llegó a la casa una carta suya, que tu hija Verónica leyó y perdió. Se burla de mí cuando se lo reclamo.

¿Por qué nunca dijiste con todas sus letras cuánto y de qué modo te aburría la Puebla de nuestra infancia?

¿Sabes? Aún extraño las noches frente a la tele, jugando a predecir el desenlace de las películas mexicanas mientras temíamos que dieran las doce y cortaran la transmisión antes de que acabara el melodrama en turno. No puedo ver a Pardavé sin llorar.

No lo creerías, en México ya existen uvas dulces y se importa chianti y agua de Sanpellegrino, como si toda la clase media hubiera nacido en Italia.

La película El Padrino ha llegado a tener tres partes. Te hubiera deleitado.

Vivo con un hombre que de noche hace ruidos como los que tú hacías y de tarde es un conversador prodigioso. En las mañanas casi siempre tiene prisa. La pasarían bien juntos. El también desconfía del mar.

Tengo dos hijos. Uno se ríe como tú y no grita porca miseria *porque no te oyó el lamento, pero cuando litiga parece que nació en el quicio de una* trattoria. *La otra tiene ojos como pájaros y siempre quiere platicarme cuando estoy escribiendo. Yo creo que los dos son como dioses y por las dudas los venero hasta el desastre.*

Mi mamá se hizo una casa que mira a los volcanes sobre el terreno de Mayorazgo por el que tanto peleó. Lástima que no te hayas quedado para hacer tuyo ese silencio.

Tienes razón, nunca debí meterme en ese lío. Pero es que ese lío se metió en mí.

Estas son algunas de las cosas que he hablado con él, sin obtener mayor respuesta que una, tal vez inventada: la sensación más o menos frecuente de que alguien me observa y casi siempre se hace mi cómplice. Noto en mi madre una desconfianza absoluta de tal versión, pero a mí me ayuda a caminar por el borde del eterno acantilado que nos rodea.

Indice

Puerto Libre

se terminó de imprimir en
enero de 1994 en los talleres de
Multidiseño Gráfico, S.A.
La edición consta de 5,000 ejemplares
más sobrantes para reposición.